ART DÉCO

ÉGYPTO-MANIE

AUTEURS

Jean-Marcel Humbert
Égyptologue, historien et historien de l'art, conservateur général honoraire du patrimoine (musées), spécialiste de l'égyptomanie

Mathias Auclair
Conservateur général, directeur du département de la musique de la Bibliothèque nationale de France

Emmanuel Bréon
Président d'Art déco de France

Hubert Cavaniol
Spécialiste de l'image des XIXe et XXe siècles

Maurice Culot
Architecte et éditeur

Jean-Luc Bovot
Égyptologue, ingénieur d'études honoraire du département des antiquités égyptiennes du musée du Louvre, professeur à l'École du Louvre

Isabelle Conte
Docteure en histoire de l'art

Daniel Lançon
Professeur émérite en littérature, université Grenoble Alpes

Claire Maingon
Historienne de l'art, maîtresse de conférences à l'université de Rouen

Laurence Mouillefarine
Journaliste, spécialiste du marché de l'art, historienne du bijou

William Pesson
Architecte, président de l'association des Amis de Quatremère de Quincy

Eugène Warmenbol
Professeur à l'université libre de Bruxelles, chaire de protohistoire européenne, spécialiste de l'égyptomanie des XIXe et XXe siècles

Couverture
Claudette Colbert dans *Cléopâtre* (*Cleopatra*) de Cecil B. DeMille, 1934.

ART DÉCO

ÉGYPTO-MANIE

SOUS LA DIRECTION DE
JEAN-MARCEL HUMBERT

NORMA
ÉDITIONS

SOMMAIRE

Publicité pour le Mirex, vers 1925.

TUTANKHAMEN
SONG ONE STEP
BY HEBE MACK
COPYRIGHT MCMXXII
by J. B. CRAMER & Co., Ltd
NORWAY.
Norsk Musikforlag,
Karl Johansgate,
KRISTIANIA
HOLLAND
Jacq Elte.
17, Korte Poten,
THE HAGUE.
J. B. CRAMER & CO., Ltd
139, NEW BOND STREET, LONDON, W.
NEW YORK CHAPPELL-HARMS INC.
PRICE
2/-
NETT CASH.
PRINTED IN ENGLAND
RR

QUAND L'ART DÉCO PUISE AUX SOURCES VIVIFIANTES DE L'ÉGYPTE ANCIENNE

Émile Adolphe Monier, *Danseuse égyptienne*, statuette chryséléphantine, vers 1925.

Page de gauche
Partition chant et piano de la chanson *Tutankhamen*, Song One-Step by Hebe Mack, Londres, J.B. Cramer & Co. Ltd, 1923. Collection Jean-Marcel Humbert.

Alors que la période artistique dite « Art déco » est en pleine vigueur, l'égyptologie fête son premier centenaire. La création de cette science remonte en effet au déchiffrement des hiéroglyphes par Champollion en 1822. Durant le siècle suivant, elle a énormément progressé. Archéologues, conservateurs de musée, professeurs et étudiants se sont multipliés au niveau international, et des découvertes archéologiques étonnantes n'ont cessé d'être divulguées. Deux d'entre elles vont particulièrement marquer les années Art déco. Néfertiti, dont le buste fut mis au jour en 1912, mais dévoilé au grand public seulement en 1924 à Berlin, constitue un prototype de beauté féminine dont les canons seront repris par toutes les élégantes à la mode. Et Toutankhamon, jeune pharaon à la mort prématurée, qui voit son tombeau profané en 1922 et livré en pâture à la curiosité générale. Mais, en même temps, les merveilles qu'il contenait subjuguent le monde grâce notamment à une médiatisation sans précédent. Par la suite, les fameuses « malédictions » entretiendront de prétendus « mystères ».

Toute création à l'égyptienne des années 1920 et 1930 est dès lors liée à la découverte de sa tombe, de même que la mode et ses débordements. La « tutmania », issue de celui que l'on nomme désormais familièrement « *King Tut* », se répand dans tous les domaines, y compris le roman, le théâtre et le cinéma, et même la publicité. Mais Néfertiti et Toutankhamon, devenus des icônes universelles majeures, ont-ils pour autant eu le rôle décisif qu'on leur prête sur les expressions artistiques de l'époque ? Rien n'est moins sûr. En effet, l'un et l'autre constituent des éléments exhausteurs plus que déclencheurs, rejoignant Cléopâtre, Ramsès, Isis et bien d'autres grandes figures qui continuent de jouer un rôle non moins important dans la propagation du goût pour l'Égypte.

Fondée sur l'admiration universelle que connaît l'Égypte ancienne, l'égyptomanie remonte à l'époque romaine et réapparaît sous la Renaissance. Elle n'a cessé pendant des siècles de croître en importance et de gagner de nouveaux champs d'application ainsi que de nouveaux groupes d'amateurs. Et l'on note qu'à chaque époque elle sait s'acclimater en arrivant à se fondre dans des formes nouvelles sans pour autant perdre sa puissance d'évocation ni le charme de ses créations. Et, de fait, elle ne connaît pas véritablement d'arrêt entre la période Art nouveau, la guerre de 1914-1918 et la période Art déco, qui ne déroge pas à la règle en l'accueillant à son tour, et en proposant des adaptations égyptisantes à la fois originales et au goût du jour.

Car force est de constater que la période Art déco – que nous comprendrons dans son étendue chronologique le plus large – est riche d'égyptomanie. Mais la rencontre étroite, que rien ne pouvait laisser présager, de deux mondes aussi différents n'évoquerait-elle pas plutôt le mariage de la carpe et du lapin ? Pas vraiment, car l'Art déco va offrir dans tous les domaines des exemples frappants de fusion de ces deux arts si différents, qui au lieu de s'étouffer mutuellement se mettent l'un l'autre en valeur, l'art égyptien apportant à un style quelque peu austère les éléments décoratifs qui peuvent lui manquer, et l'Art déco valorisant, en les modernisant, les composantes majeures de l'art égyptien antique. Ainsi, la relation entre les nouveaux principes architecturaux de l'époque et l'Égypte ancienne est évidente. Leur aspect rectiligne (style paquebot ou *Streamline Modern*), l'absence fréquente de fenêtres sur certaines façades, les élans verticaux et les murs à fruit évoquent immédiatement l'Égypte ancienne.

Si le goût du public reste un des éléments majeurs de la propagation de l'égyptomanie, l'influence des artistes est également fondamentale, car ce sont eux qui ont su la maintenir à la mode en l'adaptant aux critères en vogue. Cette cohabitation, pour ne pas dire « cette symbiose », s'exprime par nombre de moyens différents. L'Égypte peut y être traduite de manière très discrète, au point qu'il faille une observation attentive pour en dégager les composantes. Mais elle peut aussi, au contraire, inspirer des ensembles strictement « archéologiques », où il s'agit plus de copie que d'interprétation : nous leur avons laissé une place, même si la forme finale est moins nettement Art déco. Enfin, on observe des motifs géométriques stylisant l'art pharaonique pour animer l'Art déco, comme les triangles qui évoquent la base des tiges de papyrus, ou les lignes brisées qui utilisent le signe de l'eau. Ces figures sont ainsi devenues des formes mixtes caractéristiques des deux civilisations.

L'égyptomanie s'est aussi imposée par des formes iconiques simples, représentatives à elles seules de l'Égypte antique dans sa globalité. Ainsi le disque ailé, la coiffure pharaonique némès, la coiffure vautour, la corniche à gorge ou le tore. De même, l'Art déco, friand de sculpture animalière, reprend parfois à son compte le sphinx, qui devient alors rigide et anguleux. Et peut-être est-ce justement dans le domaine de la sculpture que le détournement de l'Égypte est le plus expressif. S'inspirant du music-hall, l'Art déco imagine des danseuses « égyptiennes » aux attitudes stéréotypées. Et l'on constate avec amusement que les positions de *Walk like an Egyptian*, mondialement popularisées par le groupe The Bangles à partir de 1986, trouvent en fait leur origine dans les recréations égyptisantes de la période Art déco.

Grâce aux contributions d'auteurs venus d'horizons très divers – tant professionnels que scientifiques –, cet ouvrage offre un éclairage nouveau sur l'égyptomanie et sa présence dans l'Art déco, qui ne laisse pas de surprendre les spécialistes et les égyptologues eux-mêmes, par la puissance et la constance de ses manifestations. Car cette période a lancé une passerelle de plus entre l'art d'une époque moderne et celui d'une très haute antiquité. De plus, ces évocations, quelles qu'en soient les formes, expriment toujours des symboles réactualisés et nous permettent, à travers cette sorte de reviviscence, de mieux comprendre les mentalités collectives de l'époque. L'Égypte, écrasée alors sous les feux de l'actualité, n'en montre pas moins, encore une fois, la force et la permanence de son art millénaire.

Jean-Marcel Humbert

Une des trois grilles en fer ouvragé du porche du cinéma Louxor, Paris, 1921, probablement d'Henri Zipcy, architecte du bâtiment.

Page de droite
Putiphar **ou** ***Madame Putiphar*****, opérette de Lucien Ferrier-Jourdain [sous le pseudonyme de Marcel Harmand] sur un livret de Paul Creyssel [sous le pseudonyme de Charles Martel] et Lucien Kahm, créée à Lyon, théâtre des Célestins, le 8 mai 1928. Couverture de la partition chant et piano, illustrée par Marcel Jacquemin, éditions Max Eschig, 1930. Collection Jean-Marcel Humbert.**

PUTIPHAR
ÉDITIONS MAX ESCHIG 48, RUE DE ROME, PARIS

LES AILES DU DÉSIR

Ou Toutankhamon et l'architecture Art déco

Maurice Culot

Monument aux héros du *Dixmude*, Pierrefeu-du-Var, 1925. Michel Roux-Spitz architecte, Armand Martial sculpteur. Catalogue de l'Exposition des arts décoratifs et industriels modernes de Paris, 1925.

Page de gauche
Les Ailes du progrès surmontant le Genesee Valley Trust Building, Rochester, État de New York, 1929. Ralph Thomas Walker architecte.

La parousie Toutankhamon a considérablement et durablement affecté les arts décoratifs dans le monde occidental. Une mode du Nil s'est répandue qui a touché aussi bien le marché de la fantaisie avec ses boucles d'oreilles à la Cléopâtre que l'univers du design le plus raffiné d'une Eileen Gray et d'un Pierre Legrain.

Le *revival* néoégyptien qui s'épanouit dans l'entre-deux-guerres n'a pas l'ambition de recréer l'excitation procurée par l'immersion au cœur d'une civilisation aux vestiges grandioses, mais bien, dans sa version Art déco, d'emprunter librement des images, des coloris, des ambiances pour les restituer adaptés au goût d'une époque fascinée par la découverte de la tombe du pharaon et les excavations des ruines d'Akhetaton à Amarna, tout comme aujourd'hui le genre *Heroic Fantasy* s'empare, au cinéma et dans la bande dessinée, du monde pharaonique pour le distordre, lui donner une dimension cosmique inédite. L'Égypte ancienne est simultanément fascinante et familière. Fascinante par ses dieux zoomorphes, sa polychromie, sa grandeur, et une démesure qui ne cesse de nous étonner. Familière à travers ses représentations graphiques suggestives d'une vie quotidienne qui apparaît colorée, ludique et solaire, dans laquelle nous pouvons facilement nous projeter, voire imaginer y vivre. L'Égypte, tout comme la Rome antique, empires protecteurs, nous apparaissent plus proches de notre civilisation occidentale hédonique que le Moyen Âge revêtu de sa cape sombre, cerné d'enceintes, brodé de machicoulis, vêtu d'étoffes trop frustes ou trop pesantes. Cette contraction du temps, cette impression de proximité qui ne concerne toutefois qu'une infime partie de l'ancien monde égyptien, si elles ne sont pas fondées, relèvent néanmoins d'un ressenti irréfragable.

RETOUR VERS LE FUTUR

Vue sous un autre angle que celui, habituel, télescopique et convenu, de l'histoire de l'art international moderne, la rencontre de l'Art déco et de l'Égypte millénaire constitue un moment artistique important, fondateur. Cette convergence aux extrémités de l'arc du temps n'est pas unique, elle s'inscrit au milieu d'autres tout aussi passionnantes qui ont donné naissance, par exemple, au Spanish Style, ou Mediterranean Style, inventé par des architectes et amateurs américains qui ont, entre 1914 et la fin des années 1920, associé et assemblé les différents styles du bassin méditerranéen. Frank Lloyd Wright lui-même, empruntant les pas de l'architecte mexicain Manuel Amabilis Dominguez, s'est passionné pour les civilisations mésoaméricaines et plus spécialement pour l'univers maya et ses hiéroglyphes. Il s'est investi totalement dans l'invention d'un style néomaya Art déco, créant des maisons et des ambiances intérieures suffisamment intemporelles pour figurer comme décors dans le film de science-fiction *Blade Runner*. Les années d'entre-deux-guerres furent de fait parmi les plus originales en matière de *revivals*, combinant l'Art déco et la « romance » dans le sens anglo-saxon d'*excitement*, de flirt romantique associé à des lieux et à des époques. Les architectes qui empruntent cette voie abandonnent alors les ordres architecturaux classiques, s'écartent du modernisme international et tournent leurs regards vers les missions espagnoles, les maisons en pisé des Pueblos, les temples zapotèques, les fermes basques et normandes en pans de bois, les manoirs nordiques… et l'iconographie pharaonique.

L'ouverture de la tombe de Toutankhamon, en novembre 1922, est effectivement l'étincelle qui relance l'égyptomanie. Cela d'autant plus que, outre la momie et les objets en or, elle est nimbée de mystère et bientôt de malédictions supposées. Au même moment, l'Art déco, qui a fait ses premières armes dans les années qui précèdent la Grande Guerre, se prépare à envahir le monde en utilisant la rampe de lancement qu'est l'Exposition des arts décoratifs de Paris en 1925.

L'égyptomanie teintée d'Art déco connaît alors un foisonnement créatif sans précédent, qui touche tous les aspects de la vie quotidienne : la mode vestimentaire, l'industrie cosmétique, les arts, le cinéma… et l'architecture. La rencontre des deux styles, l'ancien et le moderne, donne naissance à un nouveau, plus incisif, plus linéaire, qui met l'accent sur la géométrie, la stylisation, les chevrons, la polychromie et les aplats de couleur.

L'Art déco, ayant définitivement coupé les ponts avec le Modern Style et la société d'avant-guerre, prend appui sur la vitesse, l'arc électrique, la lumière, la liberté des corps, les sports, l'héliotropisme – antidote

Une villa de haut fonctionnaire animée pour une fête. Dessin tiré de *Monuments de l'Égypte et de la Nubie*, publié par Ippolito Rosellini à la suite de l'expédition franco-toscane en Égypte conduite par Jean-François Champollion et Ippolito Rosellini en 1828.

La maison égyptienne reconstituée à l'Exposition universelle de Paris de 1889, d'après le dessin de Rosellini. Charles Garnier architecte, Gaston Maspero égyptologue. *L'Architecture à l'Exposition universelle de 1889. Principales constructions du Champ-de-Mars et de l'esplanade des Invalides.*

à la tuberculose –, imposant à l'époque un rythme de vie nouveau. Et simultanément, loin de cette agitation, l'Égypte endormie des pharaons offre une iconographie épurée, synthétique, qui s'accorde avec les aspirations futuristes du nouveau style décoratif. Il y a là un faisceau unique de confluences franchissant l'arc des siècles. Les femmes qui ont eu la chance de s'émanciper pendant la Grande Guerre sont plus intéressées par la mode et les cosmétiques que par le retour aux fourneaux. L'épiderme devient l'objet de soins intensifs et l'épopée pharaonique révèle les onguents, les crèmes, les poudres et les fards miraculeux provenant, affirment les publicités, de secrets de grands prêtres. Sous la houlette du couturier Paul Poiret, l'odieux corset disparaît, on soigne la silhouette, le corps s'affine, se stylise, se dénude, et les dessins de mode de *Vogue*, de la *Gazette du bon ton*, d'*Art-goût-beauté* présentent des singularités avec les personnages des cortèges égyptiens qui peuplent les tombes. Ici, pas de Vénus callipyges ou stéatopyges, tout le monde est beau, mince et élancé, les femmes ont des carrures et des salières à la Lauren Bacall et de mignons petits seins dont rêvent les *flappers* et les garçonnes.

ARCHITECTURES ART DÉCO NÉOÉGYPTIENNES

Autant le monde de la mode et de la beauté corporelle a fait son miel de l'Égypte ancienne passée au peigne de l'Art déco, autant la question est plus complexe pour l'architecture. En effet, les immenses murs inclinés aveugles (murs à fruit, *battered walls*), les piliers et linteaux en pierre massive, les puissantes corniches à gorge saillante, les pylônes… conviennent peu aux programmes modernes. L'architecture néoégyptienne, qu'elle soit ou non teintée d'Art déco, s'accorde en revanche avec des constructions dont les façades nécessitent peu d'ouvertures, à l'image des temples maçonniques, des pavillons d'expositions, des abris pour autruches et éléphants dans les zoos, des salles d'expositions (telle la plus célèbre, l'Egyptian Hall de Londres), des maisons closes, des stations de pompage, des prisons, des réservoirs d'eau, des entrepôts, des tombes et entrées de cimetière, de quelques synagogues et des cinémas en nombre.

Entre les architectures néoégyptiennes souvent éclectiques et surchargées d'avant la Grande Guerre et celles que marqua l'Art déco, les différences sont notoires. Cependant, certains édifices du XIXe siècle annoncent, par leur liberté d'expression et leur fraîcheur, l'Art déco néoégyptien. C'est le cas du pavillon des éléphants du zoo d'Anvers, inauguré en 1856, œuvre de l'architecte Charles Servais, avec ses chapiteaux formés par des têtes d'Hathor regroupées par quatre et les décors peints particulièrement inventifs de Louis Degleur. L'historien britannique égyptophile James Stevens Curl y voit « peut-être le plus bel exemple de l'égyptomanie au XIXe siècle ». La façade de la maison égyptienne de Charles Garnier, aidé par l'égyptologue Gaston Maspero, à l'Exposition de Paris 1889 reproduit grandeur nature et dédoublée une demeure de haut fonctionnaire, détail d'une planche figurant dans l'album *Monuments de l'Égypte et de la Nubie* (expédition de Champollion en 1828). La fraîcheur des coloris et l'extraordinaire élancement de l'architecture préfigurent l'élégance du pavillon national de la Suède à l'Exposition de Paris 1925, la colonnade du palais des Colonies à celle de 1931, le kiosque des Statuaires à celle de Bruxelles en 1935, ou encore le Battery Park City Pavillon de New York (1992). Les couleurs vives et contrastées illustrées notamment dans l'*Atlas de l'art égyptien*, de Prisse d'Avennes, ne pouvaient que rencontrer l'adhésion des coloristes nés de l'explosion picturale des Ballets russes et suédois et trouver des prolongements dans les céramiques, les faïences et les émaux colorés des années 1920, entre autres, en France, dans les compositions du mosaïste Isidore Odorico, auteur de nombreux cartons de chevrons et du vautour égyptisant aux ailes déployées de la façade de la loge de la Parfaite Union à Rennes.

Pavillon des éléphants au zoo d'Anvers, 1856. Charles Servais architecte, Louis Degleur décorateur.

Page de droite
Le vautour aux ailes déployées (déesse Nekhbet) et le sphinx de la loge La Parfaite Union à Rennes, 1931. Lucien Daboval architecte, Isidore Odorico mosaïste.

LES PLUMES ET LES AILES

À partir de 1886, les plumes font une entrée remarquée en Europe avec les coiffes amérindiennes popularisées lors des tournées de Buffalo Bill et de son Wild West Show mettant en scène cow-boys et Peaux-Rouges, attirant des millions de spectateurs. Ces années sont aussi celles du début de la conquête de l'air : Louis Blériot traverse la Manche le 25 juillet 1909 et Charles Lindbergh, l'Atlantique en 1927.

Les plumes et les ailes des temps modernes vont trouver dans l'Antiquité égyptienne matière à faire leur miel. Les ailes de l'oiseau *ba*, qui prend son envol au moment de la mort, le soleil ailé ou encore l'escadrille de vautours aux ailes déployées du plafond du tombeau de Ramsès-Siptah dans la vallée des Rois vont être sollicités pour promouvoir les nouvelles technologies, l'automobile et l'avion. La firme aéronautique et automobile Voisin, dont le patron est passé à la postérité pour avoir commandé à Le Corbusier un projet futuriste de transformation radicale de Paris, utilise pour faire la promotion de son entreprise ce qu'il y a de plus ancien : le soleil ailé égyptien auquel, pour faire bonne mesure, il ajoute un scarabée. En 1913, la firme lyonnaise de construction de moteurs Gnome remplace le soleil par un moteur d'avion vu de face. Quant à la compagnie Franco-British Aviation, qui fabrique des hydravions à Argenteuil, elle fait reposer le soleil ailé sur une barque avec des rames !

L'architecture n'est pas en reste, et parmi les multiples interprétations du thème ailé je retiens les quatre ailes néoégyptiennes Art déco géantes (the Wings of Progress) qui surmontent le Genesee Valley Trust Building, un gratte-ciel construit en 1929 à Rochester, dans l'État de New York, et aussi la puissante aile en pierre de douze mètres de haut fichée dans le sol à Pierrefeu-du-Var, une réalisation conjointe de l'architecte Michel Roux-Spitz et du sculpteur Armand Martial ; inaugurée en 1925, elle commémore l'explosion du dirigeable *Dixmude*.

***Monument à la défense du canal de Suez*, près d'Ismaïlia, 1925-1930. Michel Roux-Spitz architecte, Raymond Delamarre sculpteur. *Encyclopédie de l'architecture. Constructions modernes*, éditions Albert Morancé, Paris, 1929.**

Page de droite
Aile et aigle du Chrysler Building à New York, 1928-1930. William Van Alen architecte.

La même année, Roux-Spitz et le sculpteur Raymond Delamarre remportent le concours lancé par la Compagnie du canal de Suez pour un monument commémoratif de la défense du canal par les Alliés pendant la Grande Guerre. Celui-ci est composé de deux pylônes séparés par une fente – le canal –; à leurs pieds se dressent deux figures ailées à l'égyptienne représentant «l'Intelligence sereine porteuse d'un flambeau» et «la Force sévère». Trois ans plus tard, les gargouilles en tôle et en forme de tête d'aigle du Chrysler Building de New York, l'icône de l'Art déco américain, rendent à leur tour hommage à la terre des pharaons.

Dans ces constructions emblématiques, l'Égypte est sollicitée pour exprimer la force et l'audace autant que l'élégance et le raffinement. Cette association de l'Égypte avec la puissance et la résistance se retrouve souvent illustrée dans les publicités, à l'image de celle qui vante la peinture résistante STIC B, inventée en 1919 et produite à Neuilly-sur-Seine, qui présente un pharaon énergique tenant un pinceau et un pot de peinture, debout sur un vautour aux ailes déployées, le tout traité dans un style Art déco très coloré. La force du caractère typographique Pharaon, inventé en 1930 par les fondeurs parisiens Deberny et Peignot, est soulignée dans un prospectus qui présente deux Égyptiens en pagne portant une lourde pierre. Des capots d'automobiles, comme ceux de la Cord aux États-Unis, des locomotives aérodynamiques vont puiser la force de leurs lignes imposantes dans les masses de l'architecture pharaonique.

Porte de l'ascenseur du Chrysler Building à New York, 1928-1930. William Van Alen architecte.

Détail de la voûte de l'entrée du Circle Tower à Indianapolis, 1929. Preston C. Rubush et Edgar O. Hunter architectes.

LES CHEVRONS DE LA MODERNITÉ

Le chevron, élément récurrent de la décoration égyptienne, où il représente en règle générale l'eau, est aussi un leitmotiv de L'Art déco. La ligne brisée en zigzag a supplanté la courbe de l'Art nouveau, elle se veut plus franche, plus dynamique, évoque l'éclair et l'électricité. Le chevron coloré signe l'alliance de deux civilisations séparées par des millénaires. Un dessin de chapeau intitulé *Antinéa* paru dans la revue *Art-goût-beauté* de janvier 1928 illustre parfaitement la fusion du néoégyptien et de l'Art déco en associant une ligne en forme de boucle, ou langue de fourmilier, à des chevrons d'or dans une sorte de vision protodéconstructiviste du *pschent*, la double couronne des pharaons. À Londres, l'étage d'attique du building Palladium House, dessiné en 1929 par l'illustre architecte américain Raymond Hood (1881-1934), auteur de la Tribune Tower à Chicago et du Rockefeller Center à New York, est rehaussé par des frises en chevron en bronze émaillé apposées sur une façade en granit suédois noir poli. Le chic Art déco néoégyptien à son sommet !

Projet d'immeuble à gradins, le Reichhaus, à édifier Place royale à Berlin, 1920. Otto Kohtz architecte.

Projet d'hôtel à gradins à édifier quai d'Orsay à Paris, 1927. Henri Sauvage architecte. Paris, Fonds Henri Sauvage. Cité de l'architecture & du patrimoine / Archives d'architecture contemporaine.

PYRAMIDES MODERNES

Les constructions pyramidales sont surtout confinées aux arts sépulcraux, à l'image du mémorial de Thiepval de Sir Edwin Lutyens, aux sommets de quelques buildings et aux projets d'immeubles à gradins vaguement évocateurs de la pyramide à étages de Zoser et qui sont restés dans les cartons, à l'exemple de ceux d'Henri Sauvage pour Paris, de Portaluppi pour Milan ou encore d'Otto Kohtz pour Berlin, figurant parmi les plus spectaculaires. D'une manière générale, la pyramide en restera à la décoration intérieure, comme ces beaux projets de cheminées intérieures que l'on doit à l'architecte parisien Jean-Charles Moreux (1889-1956)[1]. Il arrive que la relation entre l'Égypte et l'Art déco se fasse d'une manière plus abstraite, sous les auspices des nombres, de l'ésotérisme et de l'usage de la coudée au lieu du mètre. L'église Art déco place de l'Altitude-Cent, à Bruxelles, œuvre des architectes Léon Guiannotte et André Watteyne, inaugurée en 1935, s'inscrit à l'intérieur de trois pyramides virtuelles, et elle organise son rythme modulaire selon la coudée sacrée des Égyptiens, tandis que sa tour est traitée comme une ziggourat à degrés, le plan de la façade principale étant annoté à la main : « L'église et la pyramide de Chéops, modèle du nombre d'or. » Nombre d'or dans lequel l'architecte Guiannotte lit une « représentation divine, inspirée ou révélée à Moïse pendant son séjour de quarante jours au mont Sinaï[2] ».

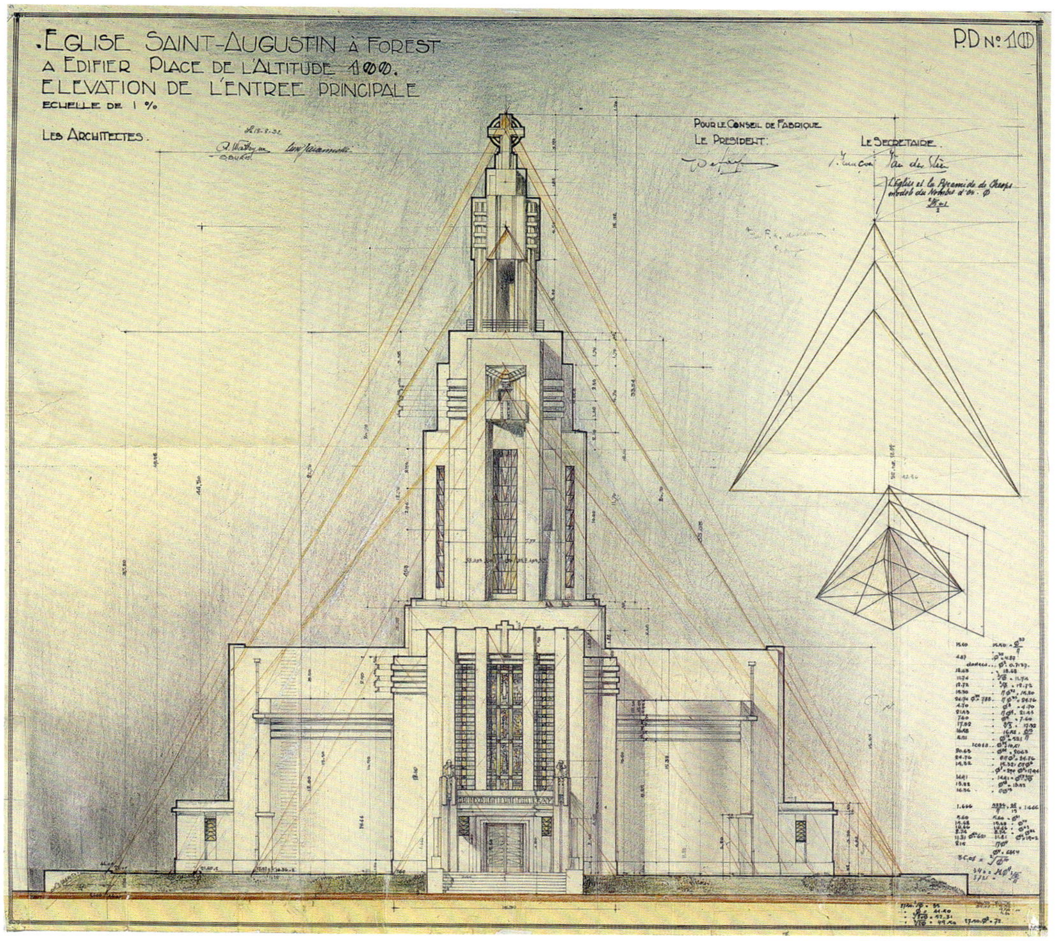

Élévation principale de l'église Saint-Augustin à Forest-Bruxelles, 1932-1935. Léon Guiannotte et André Watteyne architectes. Bruxelles, Archives d'architecture moderne.

Projet de cheminée pour l'hôtel particulier de la princesse de Polignac à Paris, 1934. Jean-Charles Moreux architecte, Bolette Natanson décoratrice. Paris, Fonds Moreux. Cité de l'architecture & du patrimoine / Archives d'architecture contemporaine.

ARCHITECTURES MAÇONNIQUES

Maçons, rosicruciens, théosophes ont depuis plus de deux cents ans parsemé le monde entier de temples imités de ceux d'Égypte, car, au-delà de leur attirance pour la science des nombres, l'astrologie et les mystères plus anciens que ceux de la chrétienté, leur agencement offre un cadre approprié aux rituels des sociétés discrètes en quête d'universalité : distribution parcimonieuse de la lumière, murs aptes à recevoir des décors, unité structurelle des piliers, colonnes et pilastres. Le Masonic Peace Memorial de Londres, construit de 1927 à 1933, sans doute le plus abouti dans la fusion de l'Art déco et du néoégyptien, est fréquemment utilisé pour le tournage de films. Aux États-Unis, Le Rosicrucian Park, à San José en Californie, constitue un îlot rosicrucien composé de bâtiments d'enseignement. L'auditorium Francis-Bacon, édifié en 1931, associe audacieusement des variations sur les pylônes égyptiens et des frises en mosaïques Art déco colorées, un chef-d'œuvre du genre. Le parc de San José a fait des émules, inspirant à la Grande Loge de langue portugaise à Curitiba au Brésil un ensemble de bâtiments aux lignes simplifiées dans un esprit d'efficacité visuelle quelque peu hollywoodien. Cette élégance cubiste dans l'association des masses architecturales se retrouve jusqu'en Australie, notamment dans la loge de l'Émulation à Canterbury (1928-1930) et le centre maçonnique de Sandringham (1931)[3].

Ancien et Mystique Ordre de la Rose-Croix, auditorium Francis-Bacon dans le Rosicrucian Park de San José en Californie, 1933.

Temple Rose-Croix de Belém au Brésil.

L'Egyptian, cinéma à DeKalb, Illinois, 1928-1929. Elmer F. Behms, architecte.

PÉPLUMS EN MAJESTÉ

On doit à Jean-Marcel Humbert un inventaire des cinémas néoégyptiens dans le monde (à paraître aux éditions AAM en 2023), et nombre d'entre eux sont teintés d'Art déco, à l'image du Louxor à Paris, unique exemple en France de salle de spectacle dans ce style. Aux États-Unis, la vingtaine d'*Egyptian Theaters* construits entre 1922 et 1929, souvent d'une facture naïve, est révélatrice de l'engouement suscité par la découverte de l'illustre tombe. Parmi les cinémas les plus représentatifs de l'Art déco néoégyptien se détachent celui de la ville de Delta au Colorado, une œuvre roborative de l'architecte Montana S. Fallis inaugurée en 1928 et impeccablement restaurée à partir de 1993, ou celui de DeKalb en Illinois, construit en 1929 et recouvert de faïences multicolores. Quant à l'impressionnant Grauman's Egyptian Theatre, édifié en 1922 à Los Angeles par les architectes Meyer et Holler, il passe du style hispanique à l'Art déco néoégyptien en cours de construction pour satisfaire à l'engouement égyptophile.

L'architecture navale est à son tour saisie par la vague Carter et, entre 1924 et 1926, trois paquebots postaux des Messageries maritimes destinés à la ligne rapide du levant, les bien nommés *Champollion*, *Mariette Pacha* et *Théophile Gautier*, sont décorés dans le style néoégyptien comprenant des scènes de la vie chez les pharaons d'une rare précision dues au peintre paysagiste français Jean Lefeuvre (1882-1974), une manière de conditionner les touristes à la plongée vertigineuse dans le temps et l'histoire.

EGYPTIAN THEATRE
R
IT
7 & 915

Soleil rayonnant et entrée du Grauman's Egyptian Theatre à Hollywood, inauguré en octobre 1922. Meyer & Holler architectes.

Page de gauche
L'Egyptian Theatre de Delta au Colorado, inauguré en 1928. Montana S. Fallis architecte.

L'Egyptian Theatre à Indianapolis, 1925 (détruit en 1969). Preston C. Rubush et Edgar O. Hunter architectes.

USINES, FABRIQUES, ENTREPÔTS À L'ÉGYPTIENNE

Le goût de l'après-guerre pour les tabacs orientaux et parfumés va inciter certaines marques de cigarettes à traiter la façade de leur fabrique sous forme d'affiche promotionnelle. La meilleure réalisation dans ce genre est, à mes yeux et à l'encontre de la condamnation radicale de l'éminent Sir Nikolaus Pevsner, la fabrique Carreras construite en 1926 dans le quartier de Camden à Londres et qui produit les cigarettes Craven « A » (auparavant Black Cat). La façade monumentale est composée de douze colonnes papyriformes de quinze mètres de hauteur, posées sur un socle et comprises entre deux pylônes. Elles supportent un entablement décoré de têtes de chats noirs (l'emblème des Craven « A ») dominé par une immense corniche à gorge dont la base est délimitée par un tore fait de végétaux liés (que l'on trouve à l'identique au pavillon des éléphants au zoo d'Anvers et dans un très grand nombre d'autres bâtiments néoégyptiens). Deux chats en bronze de plus de deux mètres de haut, évocateurs de la déesse Bastet, gardent l'entrée. Bien que largement vitrée, l'immense façade, qui s'apparente à un décor de film, souligne l'originalité de la fusion de l'Art déco et du style néoégyptien. Il est vrai que l'Angleterre célébra dans l'architecture, plus que d'autres pays européens, l'arrivée de Toutankhamon, sans oublier la tradition européenne de doter les grandes villes de quelques édifices exotiques qui permettaient de faire le tour du monde sans quitter sa ville, les voyages lointains étant encore réservés aux *happy few*. Les amateurs ne manqueront pas, toujours à Camden, de jeter un œil au cinéma Carlton, sur l'Essex Road, un des meilleurs exemples survivants de cette période et dont la façade, tout en éléments standardisés de céramique (*glazed terracotta*) typiquement britanniques, a été restaurée en 2005.
Outre la fabrique Carreras, Londres recèle d'autres pépites industrielles dans un style similaire.

Fabrique de cigarettes Carreras à Londres, 1926-1928. Marcus Evelyn Collins, O. H. Collins et Arthur George Porri architects. Selon des commanditaires, le choix du style néoégyptien permettait d'associer « *the "luxury" image of smoking with the treasures of Ancient Egypt* ».

Page de droite
Façade et frise en terre cuite émaillée du cinéma Carlton à Islington, Londres, 1930. George Coles architecte.

L'architecture du Hoover Building, inauguré en 1933, transcende le principe d'imitation au profit de celui de l'évocation à la manière du style *Streamline*. Ce sont les grandes lignes, le geste général, qui expriment l'appartenance à l'Égypte pharaonique, et non pas l'ornementation. Cette simplification radicale va jusqu'à trouver un écho dans la composition de certains bâtiments contemporains, par exemple dans les façades du théâtre de Villeurbanne (1932-1934)[4].

L'entrepôt de la firme Reebie, inauguré en 1923 à Chicago, est à lui seul révélateur de l'impact de la tombe pharaonique sur les arts décoratifs aux États-Unis. Le bâtiment associe avec une rare virtuosité différents éléments de l'iconographie égyptienne pour en faire un édifice parlant, par lui-même et par ses hiéroglyphes qui assurent qu'« ici vos meubles sont en sécurité ». L'intégration de l'Art déco se fait à travers un matériau industriel moderne, la terra-cotta, ou céramique vernissée, qui autorise une polychromie durable dans le temps, les façades étant lavables à l'eau.

Entrée et réception du garde-meuble W. C. Reebie and Brother à Chicago, 1922. George Kingsley architecte, Fritz Albert sculpteur.

Le globe ailé de la façade de l'Ottumwa Daily Courier Building, Ottumwa, Iowa, 1921. Clausen et Krause architectes. Washington, Library of Congress.

La réception du showroom du Basinger Ford Building à Klamath Falls, Oregon, 1929 (récemment démoli).

DÉLIVREZ-NOUS DES GRECS ET DES ROMAINS, MAIS PAS DES ÉGYPTIENS

Au début du XXe siècle, l'industriel belge Édouard Empain entreprend la création de la ville de Héliopolis, à dix kilomètres du Caire, et associe des architectes belges à sa construction. Vingt ans plus tard, l'architecte Henry Lacoste (1885-1968), proche de l'égyptologue belge Jean Capart (1877-1947), se passionne à son tour pour l'Égypte et propose à ses étudiants de l'Académie des beaux-arts de Bruxelles de s'inspirer davantage de l'architecture égyptienne, plutôt que de la grecque et de la romaine, car, dit-il, elle présente le grand avantage de décourager la copie servile. Il donne lui-même l'exemple en s'investissant dans l'Art déco néoégyptien. Pour l'Institut de recherches médicales de la Fondation Reine Élisabeth à Bruxelles, il dessine des luminaires évocateurs de fleurs de lotus et des vitraux circulaires, dont le principal illustre la montée de l'astre solaire au sein d'un assemblage de chevrons bleu et blanc, hommage à la reine des Belges, qui, après avoir visité la fameuse tombe de la vallée des Rois en 1923, crée en 1925 une fondation égyptologique au sein des Musées royaux d'art et d'histoire. Parmi les réalisations de l'architecte qui présentent des citations et réminiscences égyptiennes se distinguent l'entrée de la Fondation égyptologique et une monumentale cheminée circulaire aux motifs égyptiens, réalisée en 1932 pour le salon d'une villa près de Bruxelles[5].

Intérieur de l'Institut de recherches médicales – Fondation Élisabeth à Bruxelles, 1927-1930. Henry Lacoste architecte. Bruxelles, Archives d'architecture moderne.

ÉGYPTOMANIE DOMESTIQUE

Entre le début du XIXe siècle et 1914, des égyptophiles, émules d'Imhotep, ont choisi de se faire construire des maisons et des immeubles intégrant des ornements égyptisants, à l'image du manoir égyptien de James Randall (1806), de la maison-musée de Penzance aux Cornouailles (1835), de quelques édifices en Catalogne de l'architecte moderniste Josep Vilaseca i Casanovas (1848-1910), ou encore de la maison de l'architecte et sculpteur Frantisek Bilek (1872-1941) édifiée à Prague en 1911 et qui comporte un monumental portique inspiré par la colonnade du temple de Séthi Ier à Gournah. La salle égyptienne de la villa de San Martino sur l'île d'Elbe constitue un lumineux souvenir de la campagne de Napoléon en Égypte. En France, on pense évidemment au Typhonium de Wissant, édifié de 1889 à 1911 et qui trouve sa source dans divers temples de l'époque ptolémaïque, dont celui de Dendour, conservé depuis au Metropolitan Museum of Art à New York. La maison Art nouveau néoégyptienne de Strasbourg, bâtie en 1905, où les chauves-souris remplacent les scarabées, est incontournable. Cette tradition des « folies » néoégyptiennes se poursuit dans les années 1920, à l'image de l'immeuble à appartements édifié à Soissons en 1925 par l'architecte André Perrin, qui possède un rare décor en mosaïques et associe la géométrie des loggias Art déco au globe ailé qui surmonte la façade. Aux États-Unis, les *Egyptian*, *Nile* et autres *Pharaoh apartments* fleurissent à Los Angeles et à San Diego sous la double inspiration de Toutankhamon et des péplums égyptiens[6].

Le *Codex medicamentarius* dévoilé dans les tombes pharaoniques incite quelques pharmaciens à réaliser leur devanture dans le style néoégyptien, à l'image de celle que commanda le docteur Léon Gros à Clermont-Ferrand, décorée de mosaïques de la firme Gentil et Bourdet, inaugurée en 1922 d'après les plans de Louis Jarrier, un architecte local. L'ornementation des vitrines est appropriée à la nature de l'officine, et l'angle arrondi présente un décor parlant sous une frise faite de cinq *uræus* dressés ; « l'essentiel de la surface, nous dit Jean-Marcel Humbert, est occupé par une scène de psychostasie (pesée inspirée de celle du cœur lors du jugement de l'âme dans le Livre des morts de l'Antiquité égyptienne) quelque peu arrangée[7] ».

Façade de la maison égyptienne de Strasbourg, détail, 1905. Franz Scheyder architecte-entrepreneur, Adolphe Zilly peintre.

Entrée de la maison égyptienne de Soissons, 1923. André Perrin architecte, Giacomo Mazzioli mosaïste.

Page de droite
Angle de la pharmacie Léon Gros à Clermont-Ferrand, 1921-1922. Louis Jarrier architecte, Gentil et Bourdet mosaïstes.

PHYSIQUE CHIMIE Hre NATURELLE BACTERIOLOGIE

Jeunes femmes attablées au Sphinx et l'emblème de la maison close boulevard Edgar-Quinet, Paris, inaugurée en 1931 (détruit).

La lamaserie de Shangri-La, décor de l'architecte Stephen Goosson pour le film *Lost Horizon* (*Les Horizons perdus*) de Frank Capra, 1937.

EROS ET THANATOS

La plus célèbre des maisons closes parisiennes, Le Sphinx, reste connue par des photographies des années 1930 où des jeunes femmes aux décolletés vertigineux sont attablées devant de rutilants décors néoégyptiens Art déco, associant fleurs de lotus et courtisanes ; visage d'une Égypte fantasmée nourrie par l'imaginaire érotique qui nimbe la figure de Cléopâtre puis celles de l'Aphrodite de Pierre Louÿs et de l'Antinéa de Pierre Benoit. Ce dernier, dans son roman *L'Atlantide*, paru en feuilleton en 1918, explore le thème du voyage sans retour et situe l'intrigue dans un monde englouti, vaguement décrit par Platon, et habité par des descendants d'une Égypte disparue sur laquelle règne une femme aussi cruelle que belle, sorte de cousine de Salammbô qui vénère Tanit, déesse de la nuit et des choses humides. Le peintre Mucha la représente en 1896 dans le style Liberty en déesse égyptienne aux seins nus. Bien que Pierre Benoit situe l'Atlantide dans le Hoggar algérien et prenne pour modèle d'Antinéa une ancienne reine berbère, les illustrations graphiques et cinématographiques font la plupart du temps référence à l'Égypte des pharaons. Le thème des mondes perdus sera repris en 1937 par Frank Capra dans l'adaptation cinématographique du roman *Horizons perdus* de James Hilton, paru en 1933. Il s'agit cette fois d'une thébaïde installée dans une lamaserie perdue dans la vallée de Shangri-La, au Tibet ; les décors ultramodernes de l'architecte Stephen Goosson (1889-1973) avec leurs grands escaliers, leurs murs aveugles inclinés, les décors en chevron et les corniches saillantes, évoquent immanquablement, dans leur blancheur immaculée, l'architecture pharaonique.

UT CLEOPATRA POESIS

En 1600, Shakespeare immortalise Cléopâtre, que les artistes ne vont cesser de représenter, comme John William Waterhouse ou Alma-Tadema, dans une esthétique qui annonce l'Art déco. La reine inspire des peintres, des auteurs de ballets, des illustrateurs, des couturiers… Alexandre Cabanel la représente en 1887 essayant des poisons sur des condamnés à mort ; la scène associe cruauté et lascivité nonchalante sur fond de splendeur architecturale empruntant aux temples de Philæ et d'Edfou. Avec la création de *La Flûte enchantée*, puis d'*Aïda* par Giuseppe Verdi en 1871, l'Égypte n'a cessé d'investir les scènes de théâtre avec ses décors grandioses. L'architecte hongrois Jozsef Vago propose au début des années 1920 des projets de décors égyptisants où les représentations du dieu solaire Râ sont surmontées de danseuses dénudées qui semblent échappées des Folies Bergère ou de la compagnie des Rockettes. De son côté, la peinture d'histoire puis les films d'épouvante, des toiles apocalyptiques de John Martin et gravures de Gustave Doré aux prestations de Boris Karloff dans *La Momie* (1932), contribuent à fortifier auprès du public un imaginaire pharaonique fantasmé. Le relais est vaillamment assuré par la bande dessinée à travers les aventures de Tintin par Hergé, d'Alix par Jacques Martin et de Blake et Mortimer par Edgar P. Jacobs.

L'Égypte porte un message d'éternité et de sagesse qui trouve un écho dans les cimetières occidentaux, où les pyramides abondent. À Paris, au cimetière du Père-Lachaise, la « porte de l'au-delà » d'Albert Bartholomé (1848-1928), avec ses trois volumes à l'égyptienne et son cortège d'affligés dans leurs suaires (1899), est une évocation contemporaine du Livre des morts, tandis qu'un peu plus loin la tombe d'Oscar Wilde, une œuvre du sculpteur Jacob Epstein, figure un sphinx ailé proto-Art déco longtemps couvert de baisers au rouge à lèvres et dont les parties génitales suscitèrent un mémorable scandale (1914).

Projet de décor pour *Aïda*, vers 1920. Jozsef Vago architecte. Bruxelles, Archives d'architecture moderne.

Cour constitutionnelle suprême, Le Caire, Égypte, 2000. Ahmed Mito architecte.

ÉPILOGUE

En 1989, Jean-Marcel Humbert publie *L'Égyptomanie dans l'art occidental* (éditions ACR, Courbevoie), livre fondateur qui relance la curiosité pour l'Égypte fantasmée et induit la mémorable exposition *Égyptomania, l'Égypte dans l'art occidental 1730-1930*, présentée au musée du Louvre en 1994.

Effectivement, le goût pour l'architecture néo-égyptienne n'a pas disparu avec la Seconde Guerre mondiale et continue de connaître des *revivals*. Le président François Mitterrand, surnommé le « sphinx élyséen », qui croyait aux forces de l'esprit, est, paraît-il, représenté depuis 1993, par le sculpteur Karel Zlin, debout, nu, sur une barque solaire nilotique dans le parc des châteaux de Rambouillet, et certains affirment qu'il s'appliqua pendant ses mandats à tisser, à travers l'urbanisme et la localisation de monuments, des liens virtuels entre Paris et l'Égypte des pharaons. Égypte toujours !

La pyramide du Louvre tout en verre et les sanisettes parisiennes avec leurs murs aveugles inclinés et leurs corniches à gorge évoquent certes l'Égypte, mais d'une manière trop abstraite pour interpeller l'imaginaire collectif. En revanche, la station de pompage de John Outram construite en 1986 dans les Docklands à Londres, dans un style postmoderniste néoégyptien, a suscité un rare débat critique. Au Caire, l'invraisemblable assemblage hétéroclite de la Cour constitutionnelle suprême égyptienne témoigne d'un talent certain de ses architectes pour entremêler les échelles et jouer la déconstruction au risque que le kitsch prenne le pas sur la fantaisie, comme c'est le cas pour l'hôtel-casino Luxor à Las Vegas.

L'image du bien-être corporel qui est associée à l'Égypte pharaonique trouve de nombreux échos dans les spas contemporains, tel celui qui est installé dans les sous-sols de l'hôtel Victoria à Turin, un des plus réussis, qui mêle les reproductions de scènes antiques et des interprétations d'éléments architecturaux dans un esprit Art déco. Des architectes contemporains comme Léon Krier, ou l'agence Arcas à Paris, intègrent dans leurs projets et réalisations des obélisques, des corniches à gorge, des motifs à chevrons Art déco néoégyptiens.

Dans *Le Roman de la momie* de Théophile Gautier, lord Evandale tombe amoureux d'une reine d'Égypte momifiée il y a trois mille cinq cents ans, cela au point de ne pouvoir envisager un autre amour[8]. L'immense succès public rencontré par les romans égyptiens de Christian Jacq, qui se considère lui-même « comme un Égyptien d'adoption vieux de quatre mille cinq cents ans », la passion des collectionneurs égyptophiles et l'intérêt jamais démenti pour tout ce qui touche le monde des pharaons laissent présumer que la flamme architecturale et la « romance » Art déco néoégyptiennes ne sont pas près de s'éteindre.

NOTES

1. Cheminées représentées dans : Susan Day, *Jean-Charles Moreux, architecte-décorateur-paysagiste*, Paris, Éditions Norma, 1999. **2.** Lettre de Léon Guiannotte à André Watteyne en date du 19 mars 1970, conservée au Centre pour la ville et l'architecture à Bruxelles. **3.** Sur l'architecture néoégyptienne en Australie, voir : Colin A. Hope, « Ancient Egypt in Melbourne and the State of Victoria, Australia », dans Jean-Marcel Humbert et Clifford Price (éd.), *Imhotep Today: Egyptianizing architecture*, London, UCL Press, 2003, p. 161-181. **4.** Pour plus d'informations sur les immeubles Art déco néoégyptiens de Londres, on consultera : James Stevens Curl, *Egyptian Revival, Ancient Egypt as the Inspiration for Design Motifs in the West*, Abingdon et New York, Editions Routledge, 2005. **5.** Sur Henry Lacoste et l'égyptomanie, voir : Éric Hennaut, Liliane Liesens, *Henry Lacoste architecte*, Paris-Bruxelles, AAM éditions, 2008. **6.** Pour plus d'informations sur ces architectures, voir Richard A. Fazzini et Mary E. McKercher, « Egyptomania and American architecture », dans Humbert et Price, *Imhotep Today: Egyptianizing architecture*, *op. cit.*, note 3, p. 135 et suivantes. **7.** Jean-Marcel Humbert, « La pharmacie "égyptienne" Léon Gros à Clermont-Ferrand : dissociation et dispersion d'un ensemble unique », dans *In Situ* [en ligne], 29, 2016, mis en ligne le 12 juillet 2016. Url : http://insitu.revues.org/13231. Éditeur : ministère de la Culture et de la Communication, direction générale des Patrimoines. **8.** *Le Roman de la momie* paraît en feuilleton au printemps 1857. En 1929, les éditions A. et G. Mornay, à Paris, en publient une version illustrée de compositions de George Barbier gravées sur bois par Eugène Gasperini.

Station de pompage, quartier de Tower Hamlets, Londres, 1986-1988. John Outram architecte.

LOUXOR

PROGRAMME JOURNAL

170 BOUL^d MAGENTA

PRIX : 0f50

LE LOUXOR

Un «palais du cinéma» pharaonique

Jean-Marcel Humbert

Tête égyptisante décorant deux murs de l'intérieur du porche (restitution exacte 2013).

Page de gauche
Couverture du programme de la semaine du 12 au 18 septembre 1924. Collection Marcel et Denise Guérin.

On ne peut passer au carrefour Barbès, à Paris, sans remarquer le cinéma Louxor[1]. Édifié de 1919 à 1921 par l'architecte Henri Zipcy, il est l'une des premières salles à avoir été construites spécialement pour accueillir le septième art. Plus remarquable par ses décors que par sa structure, il n'en constitue pas moins un bel exemple d'édifice Art déco. Comme le précise Philippe Pumain, l'architecte chargé de la récente rénovation du cinéma rouvert après travaux en 2013, «Henri Zipcy n'a pas révolutionné l'architecture de l'époque. [...] Pour lui, et c'est en cela qu'il n'est pas novateur, la structure en béton demeure cachée et n'est pas affirmée comme un élément constitutif du décor [...]. C'est [néanmoins] une œuvre bien pensée, sans défaut, une sorte de chef-d'œuvre[2]».

Paradoxalement, l'architecte Henri Zipcy est resté quasiment inconnu, se cantonnant par la suite dans la construction de bâtiments administratifs et de maisons particulières. Il est impossible, faute d'archives, de savoir qui, du commanditaire, l'homme d'affaires Henri Silberberg, ou de l'architecte a eu l'idée du décor égyptien. Les plans joints à la demande de permis de construire, conservés aux Archives de Paris, laissent à penser qu'il s'agirait plutôt du second. En effet, ils comportent déjà tous les éléments décoratifs égyptiens qui seront réalisés avec peu de variantes. Zipcy, turc d'origine formé à l'École des beaux-arts de Paris, a certainement été imprégné à la fois de l'art pharaonique de la province ottomane et de tous les moulages de tombes égyptiennes qui garnissaient les murs de son école parisienne. Il a pu être également influencé par le palais de l'Égypte de l'Exposition de 1900 et par le décor en mosaïque du Grand Palais.

L'emplacement du Louxor a été fort bien choisi. Situé à un carrefour animé, visible depuis le métro aérien, bien desservi par des lignes de tramway, tout lui promet une clientèle fournie. La parcelle est non moins favorable, à un angle qui va permettre d'élever trois façades; la plus petite, boulevard de Magenta, porte en capitales la mention «LOUXOR», la plus grande, boulevard de la Chapelle, «LOUXOR PALAIS DU CINÉMA»; entre les deux, un pan coupé comporte en élévation un porche monumental, une marquise de belle dimension, un salon en avancée et une terrasse: toutes choses qui différencient considérablement cette salle de ses consœurs, habituellement habillées d'une façade rectiligne et sans guère de fantaisie. Car là était l'un des challenges, il fallait se différencier des autres cinémas pour réussir à fidéliser la clientèle. Un décor «cinématographique», pour ne pas dire «pharaonique», une salle confortable de près de mille deux cents places avec ses deux balcons, une qualité de projection irréprochable, un orgue et un orchestre, ce «palace de quartier» prétend clairement concurrencer les salles plus prestigieuses qui commencent à se multiplier dans le centre de la capitale.

Deux maîtres d'œuvre bien différents sont intervenus pour réaliser les décors: à l'extérieur, la société Gentil et Bourdet, établie à Billancourt, l'un des maîtres français de la mosaïque décorative, et à l'intérieur, une toute jeune entreprise de peinture créée par un

LOUXOR PALAIS DU CINEMA
BOULEVARD DE LA CHAPELLE
FREE ANGELA
L'écume des jours

Italien expatrié, Amédée Tiberti. Or, c'est justement par ses décors, qui mêlent harmonieusement art égyptien et Art déco, que le bâtiment a réussi à se faire connaître. Car ne nous y trompons pas, ce sont ces deux éléments stylistiques qui ont permis en 1981 l'inscription des façades et de la toiture du bâtiment à l'inventaire supplémentaire des monuments historiques, empêchant ainsi le Louxor d'être défiguré, voire démoli, après la fin de son exploitation en 1983.

L'entrée, avec son porche ouvert à tout vent mais abrité des intempéries, est peinte de frises quelque peu stylisées et décorée de bas-reliefs qui, là encore, mêlent les deux styles : d'une part une déesse lionne Tefnout tout à fait conforme à la réalité archéologique, de l'autre une tête coiffée du némès, pure adaptation Art déco telle que l'on n'en a jamais vu en Égypte. Les trois grilles en ferronnerie sont une magnifique révision Art déco du disque ailé égyptien, et juste au-dessus, le bord de la marquise présente des triangles qui sont la transposition géométrique de la base des tiges de papyrus. Tout en haut du bâtiment, deux têtes à l'égyptienne stylisées surveillent les alentours. Les mosaïques participent aussi dès avant l'entrée, sur les côtés et à la base de piliers du porche, à ce mélange Art déco-Égypte ancienne, en présentant des frises végétales de lotus et de papyrus. Tout en haut, sur les corniches, des adaptations purement Art déco de scarabées et de motifs floraux s'accordent avec les ensembles géométriques et les inscriptions des façades latérales.

À l'intérieur, même partage entre l'égyptomanie traditionnelle et l'Art déco. Au-dessus de la caisse, une frise copiée sur des tombes antiques, dans la salle, des disques ailés, une procession religieuse, des décors floraux empruntés au grand *Atlas* de Prisse d'Avennes[3] ainsi que des textes hiéroglyphiques impossibles à lire créent néanmoins une atmosphère particulièrement originale. Des éléments plus nettement Art déco, comme les grilles du plafond de la salle avec leurs immenses vautours et cobras, assurent un net contrepoint. « Louxor » était déjà un nom qui faisait rêver, le cinéma Louxor lui a ajouté une dimension ludique et parisienne qui en a fait un lieu unique par l'originalité, la richesse et la diversité de ses décors. Art déco et art égyptien antique y prouvent, une fois de plus, leur capacité de symbiose et de mise en valeur réciproque.

Frise de mosaïques réalisées par la société Gentil et Bourdet, au bas des murs extérieurs : interprétation de papyrus et de lotus dans le style Art déco.

Page de gauche
Façade côté boulevard de la Chapelle en 2013, après la campagne de restauration, qui lui a redonné son état d'origine, avec notamment la restitution des mosaïques de sa corniche à gorge.

NOTES

1. Jean-Marcel Humbert et Philippe Pumain (dir.), *Le Louxor, palais du cinéma*, Bruxelles, Éditions AAM, 2013. Voir aussi le site Internet historique des Amis du Louxor : www.lesamisdulouxor.fr **2.** Philippe Pumain, interview publiée sur le site internet « Les Amis du Louxor », le 16 mai 2011. **3.** Émile Prisse d'Avennes, *Atlas de l'art égyptien d'après les monuments*, Paris, 1878.

Un des vitraux du salon du Louxor, restitution exacte des dessins, les couleurs sont une interprétation de 2013.

Page de gauche
Intérieur de la grande salle, rebaptisée Youssef-Chahine, après la rénovation de 2013 qui l'a restituée à l'identique, avec toutefois un deuxième balcon moins profond et une infime perte de largeur.

A NOS GLORIEUX MORTS
1914
1918
1939
1945

IMPERIALI

L'ÉGYPTE ET NOS CHERS DISPARUS

Jean-Marcel Humbert

Tombe Fouchard et Caron, tête pharaonique en bronze, cimetière du Père-Lachaise, Paris, 1915.

Page de gauche
(de gauche à droite et de haut en bas)
Fernand Hamelet, tombe Lang-Verte, cimetière du Père-Lachaise à Paris, 1921.

Tombe Croisier-Bouqueniaux, cimetière du Château à Nice, vers 1910.

Monument aux morts, inauguré le 26 avril 1925, Vagney, Vosges.

Tombe Imperiali, cimetière monumental de Milan, 1927. A. Scala architectes.

Depuis le début du XIXe siècle, un nombre exponentiel de tombes à l'égyptienne ont été construites dans les cimetières européens ainsi que nord et sud-américains. Cela n'est guère surprenant puisque la civilisation égyptienne a de tout temps été assimilée à la fois à la mort et à la vie dans l'au-delà[1]. En dehors des pyramides et obélisques, qui demeurent en vogue et quelque peu immuables à toutes les époques, plusieurs formes sont réinterprétées par l'Art déco.

Les chapelles continuent de connaître un succès durable, qu'elles soient fermées comme à Valenton (famille Rassiat), sommées d'un sphinx stylisé comme à Milan (famille Imperiali) ou ouvertes comme à Nice (famille Croisier-Bouqueniaux) avec ses deux figures d'Égyptiens en pied, yeux clos. Les représentations humaines demeurent rares, et l'on remarque d'autant plus deux tombes du Père-Lachaise : une tête pharaonique en bronze, avec un doigt devant les lèvres, indique une volonté de silence qui peut aussi être interprétée comme un symbole maçonnique (Fouchard et Caron, 1915) ; et un personnage façonné en stèle qui domine l'un des secteurs récents du cimetière (famille Lang-Verte, par Fernand Hamelet, 1921).

Il est aussi des adaptations plus sophistiquées, où Art déco et Égypte sont plus intimement mêlés au côté architectural, comme dans une tombe de Carthagène (Espagne), aux chapiteaux composites et hathoriques (famille Celestino Martinez, 1921), ou encore au cimetière monumental de Milan, avec les décors et les colonnes papyriformes d'un mastaba des années 1930 (famille Mariani).

La fin de la guerre de 1914-1918 coïncide avec le plein essor de l'Art déco. Bien que les obélisques et les fontes décoratives restent, pour des raisons essentiellement budgétaires, largement répandus, on dénombre aussi quelques monuments à l'égyptienne.

Parmi eux, celui qui fut édifié devant la mairie de Vagney[2] (Vosges) après un vote du conseil municipal du 8 janvier 1920 reste mystérieux malgré son originalité, car on en ignore jusqu'à présent l'auteur. Un second type de monument, dans le carré des chasseurs du cimetière de Caucade (Nice), a été érigé en mars 1922 à la mémoire des chasseurs alpins morts lors de la Première Guerre mondiale. La structure sévère de l'ensemble, avec ses colonnes Art déco engagées, se fait surtout remarquer par les corniches à gorge égyptiennes avec le disque ailé caractéristique que l'on peut voir sur ses quatre faces.

Enfin, dernier exemple, le monument de la commune de Saint-Martin-d'Arcé (Maine-et-Loire), offert par le sculpteur P. d'Hallencourt et inauguré en 1925, se distingue par ses murs à fruit et sa corniche égyptienne, tandis qu'une croix et une infirmière en train de secourir un soldat blessé viennent redonner à l'ensemble un caractère plus humain.

Notre interrogation millénaire sur la mort et l'au-delà se trouve donc traduite de manière renouvelée par l'Art déco intimement mêlé à l'art de l'Égypte ancienne.

NOTES

1. Jean-Marcel Humbert, « L'Égypte et l'au-delà », dans Catherine Healey, Karen Bowie et Agnès Bos, *Le Père-Lachaise*, Paris, 1998, p. 196-200. Jean-Marcel Humbert, « Egypt and the Dwellings of the Dead in the 19th and 20th Centuries. A representative Grammar of Egyptianising Ornaments », dans Johanna Holaubek, Hana Navrátilová et Wolf B. Oerter, actes du colloque « Egypt and Austria III, The Danube Monarchy and the Orient » (Prague, 2006), Prague, 2007, p. 111-128 et pl. coul. 4-17. **2.** Le monument a été déplacé à une date récente place de la Libération, derrière la mairie.

LES SYMBOLES DU PHARAON

Architectures ésotériques égyptisantes

William Pesson

«Ignores-tu, ô Asclépios, que l'Égypte est l'image du ciel, ou plutôt, qu'elle est la projection ici-bas de toute l'ordonnance des choses célestes? S'il faut dire la vérité, notre terre est le temple du monde.»
Hermès Trismégiste[1]

Sphinx tenant entre ses pattes la sphère terrestre, placé devant l'entrée du temple maçonnique de Salt Lake City, Utah, 1924-1925.

Page de gauche
Charles Christian Hook et Willard G. Rogers, temple maçonnique de Charlotte, Caroline du Nord, 1914. Vue ancienne colorisée.

Secrets, mystères, initiations, origines des rituels; l'Égypte a beaucoup inspiré, fait penser et parfois fantasmer les membres des sociétés initiatiques. Hergé n'échappe pas à cette fascination lorsqu'il commence à publier, dès 1932, les épisodes d'une nouvelle aventure de son célèbre reporter, dans le futur album *Les Cigares du pharaon*, où Tintin se trouve confronté à de malicieux hommes masqués au terrible rituel. Le pays des pyramides est de toutes les tendances, et si la période Art déco comprend de belles réalisations architecturales égyptisantes, le foisonnement des formes et l'aspect parfois ludique qui en découlent sont aussi visibles pour des édifices liés à des sociétés plus discrètes, voire secrètes, telles que la franc-maçonnerie.

Des touches ou des ensembles complets d'esprit Art déco marquent des constructions aux dimensions variées, des plus simples comme à Rennes[2] à de plus impressionnantes comme aux États-Unis. De ces bâtiments souvent méconnus, il ne s'agit pas de faire une liste exhaustive, mais de donner un aperçu: ils méritent d'être mis en lumière pour leur qualité architecturale intrinsèque et leur valeur de témoignage du monde des idées.

IMAGINAIRE ÉGYPTISANT

L'Égypte et l'imaginaire qui lui est lié sont l'une des sources d'inspiration de la pensée ésotérique et hermétiste de la culture occidentale. La quête des textes anciens, gage d'antériorité et de vénérabilité chères aux «chercheurs de lumière», laisse supposer que les initiations sont apparues durant l'antiquité égyptienne bien qu'elles ne soient le plus souvent connues qu'à travers le prisme de la période ptolémaïque et donc hellénistique[3]. Les mythes sont primordiaux, et des personnages n'ayant très certainement pas existé, du moins sous la forme que la postérité leur accorde, sont les auteurs supposés de textes ou de réalisations fondamentales. Parmi eux se distinguent Hermès «trois fois le plus grand» ou Hermès Trismégiste, l'auteur de la *Table d'Émeraude*[4], ou Hiram Abiff, l'architecte du temple de Salomon[5] pour les francs-maçons.

C'est essentiellement aux XVIIe et XVIIIe siècles qu'apparaissent des références à l'Égypte dans les rituels. Cagliostro (1743-1795), personnage des plus fantasques, crée même un rituel pseudo-égyptien. Par suite de la campagne d'Égypte du général Bonaparte, de 1798 à 1801, et grâce à la publication d'esprit encyclopédique qui suivit, la fameuse *Description de l'Égypte*[6], le monde antique va enfin être révélé aux Européens et devenir une source d'inspiration inégalée, y compris pour les constructions liées aux sociétés ésotériques. Champollion découvre en 1822 le sens des hiéroglyphes, écriture restée longtemps indéchiffrable et objet parfois de spéculations insensées, et juste cent ans plus tard, la tombe du pharaon Toutankhamon est rouverte par Howard Carter et Lord Carnarvon, lui-même fils de franc-maçon[7]. Le courant Art déco qui essaime dans de très nombreux domaines, de la mode à l'automobile, est l'occasion d'un foisonnement des idées architecturales et de réalisations exemplaires.

Si les références à l'Égypte sont multiples dans les rituels des francs-maçons, au travers notamment de leur histoire mythique ou de leurs cérémonies, il y a même des courants qui se veulent typiquement égyptiens, tels ceux de Misraïm et de Memphis, ordres à l'histoire complexe[8]. S'il ne s'agit le plus souvent que d'emprunts ou de brèves citations bien éloignées de la religion antique, l'imaginaire des francs-maçons va en être façonné, et il n'est pas rare de trouver dans leurs constructions des évocations du monde des pharaons.
Certaines réalisations se veulent proches des modèles du passé et tâchent de s'inspirer des recherches archéologiques, comme pour l'Egyptian Hall de Philadelphie en 1889[9], ou sont originales et découlent des dernières tendances esthétiques. S'offre ainsi un panel de réalisations égyptisantes sur plusieurs continents, preuve de la vivacité des constructions des initiés. La recherche des origines, la filiation la plus lointaine possible pour justifier de son antériorité ou d'une légitimité initiatique, la volonté de rassembler ce qui est épars, évoquant ainsi la quête d'Isis, le mystère et le secret, l'origine supposée des initiations et la volonté d'avoir une architecture originale expliquent, entre autres, la grande vivacité des réalisations égyptisantes liées aux courants ésotériques.

ÉNIGMES ET MYSTÈRES

Si des architectures de temples maçonniques reprennent parfois des formes rappelant l'architecture égyptienne, il ne s'agit pas de leur principale référence, puisque les temples sont le plus souvent inspirés de l'Antiquité classique avec ses formes ordonnées et réglées. Pour autant, à l'instar d'autres lieux de culte tels que des églises ou des synagogues[10], des citations discrètes ou plus marquées sur les constructions rappellent les mystères liés à l'architecture égyptienne antique. Les formes trapézoïdales, un rappel du pylône d'entrée des temples et les corniches à gorge sont souvent utilisées pour évoquer le monde de la mort. Plus encore que les obélisques, les sphinx, gardiens des secrets, sont légion et protègent symboliquement les édifices. Leurs dessins peuvent adopter des lignes géométriques plus affirmées, chères à l'Art déco, et ils se retrouvent devant l'entrée de plusieurs bâtiments maçonniques, comme les sphinx du Mount Moriah Mausoleum de Kansas City ou celui de Salt Lake City, qui tiennent entre leurs griffes les sphères céleste et terrestre, ou encore ceux du temple de Fort Smith en Arkansas, datant tous les trois des années 1926-1929.

À LA POURSUITE DE L'ART DES BÂTISSEURS DE PYRAMIDES

Le rôle important de l'architecte, évoquant l'œuvre démiurgique d'un Grand Architecte de l'Univers, peut être mis en avant. Il est l'édificateur des bâtiments et sait travailler, tout comme dans les rituels maçonniques, à la conservation des secrets. Ce rôle lui est déjà dédié dans l'Antiquité puisque Howard Carter rapporte qu'Ineni, l'architecte de Thoutmosis, a « supervisé les travaux de la tombe de Sa Majesté,

Cimetière de Mount Moriah, Kansas City, Missouri. Le nom du site est utilisé dans plusieurs cimetières américains et évoque l'emplacement où fut bâti le temple de Salomon à Jérusalem. Servant pour des cérémonies maçonniques, le mausolée de Mount Moriah à Kansas city présente les symboles de cette fraternité au-dessus de la porte d'entrée.
En haut, un des sphinx protégeant symboliquement l'entrée.
En bas, façade du mausolée.

Page de gauche
Temple maçonnique de Spokane, État de Washington, construit originellement par John K. Dow and Loren L. Rand en 1905 et agrandi en 1925.
En haut, décor égyptisant de la Green Room.
En bas, détail de la statue cube représentant Senmut ou Sénènmout placée devant la façade.

Charles Walter Rutt, Masonic Center
de Port Adelaïde, Australie, 1928.
En haut, détail de la frise qui exprime
la destination du bâtiment avec des
hiéroglyphes colorés des plus inventifs.
En bas, façade principale.

Emulation Hall de Canterbury, près de Melbourne. Le décor et ses détails colorés en font une des réalisations égyptisantes parmi les plus intéressantes d'Australie.

seul, à l'abri de tous les regards, à l'abri de toutes les oreilles[11] ». Se trouve ainsi devant le temple maçonnique de Spokane, dans l'État de Washington, la statue cube d'un certain Senmut ou Sénènmout, un architecte de la XVIIIe dynastie égyptienne qui aurait été responsable de l'édification des obélisques du temple de Karnak et du temple funéraire de la reine Hatchepsout. C'est pour autant la seule référence égyptienne de la façade de composition néoclassique, et ce n'est qu'à l'intérieur qu'un temple appelé The Green Room comprend des colonnes à chapiteaux papyriformes à corolle fermée comme référence à un imaginaire nilotique.

OSIRIS EN AUSTRALIE

Des temples maçonniques égyptisants sont visibles dans de nombreuses villes, et pas uniquement dans les plus importantes en superficie, montrant la grande vivacité des modèles et leur diffusion. C'est dans les pays anglo-saxons, pays de forte implantation et à l'importante concentration du nombre des francs-maçons, que se trouvent réalisées des constructions qui devaient sembler originales dans le tissu urbain. En Australie, the Egyptian Room du Royal Arch Masonic Temple, originellement construit à Sidney en 1927, présente un riche décor coloré qui comprend entre autres des scènes peintes évoquant *Le Livre des morts*. La façade et le décor de l'Emulation Hall de Canterbury, proche de Melbourne, datant de la même période, sont eux aussi remarquables. Les détails sont parfois imaginés, les sources historiques ayant pu faire défaut, à moins qu'il ne s'agisse de la volonté d'introduire une touche d'humour. C'est ce qui s'est passé pour le décor peint de la corniche du temple de Port Adelaïde terminé en 1928, œuvre de l'architecte Charles Walter Rutt.

ET ISIS EN AMÉRIQUE

Aux États-Unis, des temples maçonniques de grande dimension sont construits, comprenant souvent plusieurs salles d'assemblée qui peuvent avoir chacune un décor différent pour se distinguer et, parmi elles, une salle vaguement évocatrice de l'Égypte. Il est pour autant peu commun que l'édifice entier, intérieur et extérieur, soit égyptisant. Il s'agit le plus souvent d'une interprétation libre qui donne un air éclectique aux bâtiments mêlant différentes inspirations de l'Antiquité.

Certaines constructions se révèlent ainsi d'autant plus intéressantes qu'elles sont tout à fait originales et d'aspect inédit. Le temple, de petites dimensions, de Lawrence au Kansas, à la forme rectangulaire, comprend une corniche à gorge disproportionnée. Son entrée est flanquée de deux colonnes *in antis* qui évoquent pour l'initié les colonnes Jakin et Boaz, placées devant le temple de Salomon tel que décrit dans la Bible, particulièrement dans le livre des Rois. Ce modèle se retrouve également à la Scottish Rite Cathedral de Meridian dans le Mississippi, datée des années 1915-1930, où un jeu de terrain permet de monumentaliser l'entrée tout en dégageant un étage supplémentaire sur la rue adjacente. Un autre édifice destiné à accueillir les francs-maçons du Rite écossais ancien et accepté est réalisé par l'architecte George Bigelow Rogers (1870-1945) à Mobile dans l'Alabama. Inauguré en 1922, il montre le choix voulu et spécifique des références égyptisantes pour l'érection d'un tel temple, qui détonne dans le quartier où il est situé. Cette construction montre l'attention portée à la conception du bâtiment, qui mêle de manière originale les sources archéologiques disponibles et la grande inventivité de son concepteur. Le programme d'un temple maçonnique permet d'avoir peu d'ouvertures sur l'extérieur et d'affirmer ainsi des masses et des portions pleines de mur. La partie sommitale du temple aux volumes découpés, d'où se détachent de hautes cheminées en forme d'obélisque, montre la grande liberté que s'autorise l'architecte.

Le dessin évocateur de l'Égypte prend souvent la forme d'un décor rapporté sur les façades. Afin d'abriter les activités des francs-maçons du Scottish Rite, le temple de Jacksonville en Floride, inauguré en 1926, comprend derrière une façade austère d'inspiration classique un ensemble de pièces égyptisantes telles que le grand auditorium.

Une construction en brique peut aussi avoir des éléments égyptisants autour des baies, des entrées, le tout sous une corniche à gorge, les détails étant plus ou moins stylisés. C'est le cas du temple de Charlotte en Caroline du Nord, dessiné par Charles Christian Hook

Temple maçonnique de Lawrence, Kansas.

Page de droite
Carl W. Scott, temple maçonnique de Salt Lake City, Utah, 1927. Vue ancienne. Les dimensions et la qualité du décor sont des plus remarquables, l'édifice est l'un des temples les plus importants en taille des États-Unis.

Temple de Waco qui abrite la Grande Loge du Texas, 1947. Œuvre aux lignes épurées et inspirées de l'Antiquité égyptienne dans un esprit typiquement Art déco.

et Willard G. Rogers, dont la première pierre est posée en 1914. Le disque solaire entouré des deux serpents *uræus* et paré d'ailes se repère fréquemment sur les façades, associé ou non à l'équerre et au compas, comme pour le temple de Shelby, lui aussi en Caroline du Nord, construit dans les années 1924-1925, ou sur la façade du temple maçonnique de Salt Lake City, où l'architecte Carl W. Scott livre en 1927 l'une des constructions égyptisantes d'esprit Art déco les plus imposantes en taille des États-Unis. Des références assyriennes peuvent se mêler aux égyptiennes comme à Yakima, dans l'État de Washington, où le décor intérieur exubérant du temple datant de 1911 surprend par rapport à la sobriété de sa façade.

Les volumes simples et les lignes géométriques appréciés par le mouvement Art déco sont parfois accentués, et l'inspiration égyptisante se fait moins littérale, comme pour le temple de Waco, qui abrite la Grande Loge du Texas. La cérémonie de la pose de la première pierre a eu lieu en 1947, et si le pylône et les colonnes encadrent l'entrée, c'est l'impression de pureté des formes et de la masse construite qui domine. Une frise due au ciseau d'un élève de Bourdelle, Raoul Josset (1899-1957), détaille le transport des pierres pour l'édification du temple de Salomon et court en bas-relief sur le soubassement de la façade principale, les symboles des constructeurs se retrouvant autour de l'entrée. La porte apparaît en retrait, surmontée de vitraux qui filtrent la lumière, une évocation symbolique de celle que recherchent les initiés.

La mise en lumière est un thème important pour la conception des temples, comme il s'agit de lieu d'assemblées qui n'ouvre pas sur l'extérieur, suivant en cela la conception des temples égyptiens[12]. Les temples sont des lieux de la modernité technologique avec l'utilisation de la ventilation, du chauffage et de l'éclairage électrique, qui permettent aux concepteurs d'inventer de nouvelles formes d'applique ou de suspension ou même d'accentuer des symboles lumineux au sens propre du terme.

De leur côté, les Shriners, membres de l'Ancient Arabic Order of the Nobles of the Mystic Shrine, une organisation paramaçonnique à la fois ludique et caritative, se sont surtout inspirés de formes arabisantes. Mais ils ont également fait réaliser des bâtiments égyptisants, comme à Macon en Géorgie, le temple Al Sihah aux lignes sobres et à l'interprétation tout Art déco des décors de l'antiquité égyptienne, qui comprend une salle d'assemblée à la riche gamme chromatique avec des scènes peintes inspirées de modèles anciens[13]. Plus exubérant et aux lignes géométriques affirmées, le Mohammed Temple de Peoria[14], dans l'Illinois, est un mélange éclectique de références variées où se détachent, en partie sommitale, des colonnes engagées entourant l'entrée, deux têtes portant un némès stylisé ; cette coiffe est reconnaissable pour l'œil du grand public comme l'un des attributs des pharaons. Un édifice remarquable de Miami, ville ou l'esprit Art déco a soufflé particulièrement, est le Scottish Rite Masonic Center, dû à l'agence d'architectes Kiehael et Elliot (1924). Les citations égyptisantes s'y mêlent à une forme pyramidale évocatrice d'une ziggurat. Une quantité étonnante d'aigles, l'emblème du Rite écossais ancien et accepté, se retrouvent sur les façades. Surmontant l'entrée et les pavillons latéraux, leur représentation, peut-être la plus inventive et inédite, est faite de lignes épurées qui évoquent des ailes. Le corps de l'animal est constitué de l'équerre, du compas et de la lettre G, les symboles les plus représentatifs des rites maçonniques.

SUR LES RIVES DU NIL ET À L'OMBRE DES PYRAMIDES

Si les constructions franc-maçonniques sont les plus emblématiques des réalisations égyptisantes par leur nombre et leur foisonnement, d'autres sociétés initiatiques font également référence à l'antiquité égyptienne pour expliquer leur origine et leurs rituels. C'est particulièrement le cas de l'Antique et Mystique Ordre de la Rose-Croix, connu sous l'acronyme d'AMORC. Son fondateur, Harvey Spencer Lewis (1883-1939), a notamment pu expliquer que les écoles de mystères se seraient regroupées en fraternité sous le règne du pharaon Thoutmosis III. Si Paris comprend un ensemble intéressant de temples égyptisants de ce mouvement initiatique, c'est à San José, en Californie, qu'un groupe de constructions est réalisé dès 1927, utilisant des citations d'esprit archéologique ou égyptisant[15]. Ce n'est pas seulement l'architecture des multiples bâtiments, dont un planétarium, une université, des bâtiments administratifs ou encore un musée, qui évoque les constructions antiques, mais aussi l'aménagement des extérieurs. Un grand jardin, le Rosicrucian Park, est peuplé d'obélisques et de sphinx qui rappellent sans mal pour le visiteur les rives rêvées du Nil : l'Égypte n'a pas fini d'être la source fertile de la pensée initiatique.

The Pythian Temple, New York, 1927. Thomas Lamb architecte. Servant de lieu de réunion aux loges new-yorkaises de la société secrète des Chevaliers de Pythias, il a été transformé en appartements par l'architecte David Gura en 1986.

Page de gauche
Mohammed Temple de Peoria, vers 1910. À la suite d'un incendie, il a été agrandi et sa façade modifiée. Le décor des pilastres, surmontés de deux têtes de pharaon, rappelle Jakin et Boaz. Il abrite les activités des Shriners, société paramaçonnique américaine.

NOTES

1. Louis Ménard, *Hermès Trismégiste*, 2e éd., Paris, Librairie académique, 1807. **2.** Malgré ses petites dimensions, le temple construit en 1931 pour la loge de La Parfaite Union présente des éléments remarquables, comme, au-dessus de l'entrée, un sphinx vu de profil et un vautour en mosaïque d'Isidore Odorico. **3.** L'Égypte antique est connue par les écrits d'Hérodote, et l'initiation au mystère d'Isis a été diffusée notamment via *L'Âne d'or*, d'Apulée. **4.** La traduction, sous le nom de « Pimandre », du *Corpus Hermeticum* par Marsile Ficin en 1471 marque une date importante dans le développement de l'ésotérisme européen. **5.** Cet édifice étant détruit, de nombreuses hypothèses quant à son aspect ont pu être proposées, et notamment avec des références aux architectures égyptiennes et assyriennes qui ont su inspirer les architectes avides d'ancrer leur production dans le temps des origines de leurs mythes. Voir notamment la reconstruction, largement diffusée à l'époque et ayant pu servir de modèle, de Charles Chipiez et Georges Perrot publiée en 1887 dans le tome IV de leur *Histoire de l'art dans l'Antiquité : Égypte, Assyrie, Phénicie, Asie mineure, Perse, Grèce, Étrurie, Rome*. **6.** *Description de l'Égypte, ou Recueil des observations et des recherches qui ont été faites en Égypte pendant l'expédition de l'armée française*, Paris, Imprimerie impériale, 1809-1829. **7.** Voir notamment la thèse de James Wallace Daniel (université de Sheffield, 2010) : *The 4th Earl of Carnarvon (1831-1890) and Freemasonry in the British Empire*. **8.** L'histoire des ordres dits égyptiens est particulièrement compliquée à appréhender, voir notamment les ouvrages de Gérard Galtier, *Maçonnerie égyptienne, Rose-Croix et néo-chevalerie*, La Pierre philosophale / Éditions du Rocher, 1989, et de Roger Dachez, *Les Rites maçonniques égyptiens*, Puf (coll. Que sais-je ?), 2020. **9.** Voir la partie consacrée aux temples maçonniques américains par William Pesson, dans l'ouvrage collectif *Architectures maçonniques*, Bruxelles, AAM, 2006. **10.** Il existe de nombreux exemples de synagogues égyptisantes ; le modèle du temple de Salomon est similaire à celui de la franc-maçonnerie. Voir notamment l'ouvrage de Dominique Jarrassé, *Synagogues*, Paris, Adam Biro, 2011. **11.** Howard Carter, *La Fabuleuse Découverte de la tombe de Toutankhamon*, Paris, Pygmalion, 2011, p. 25. **12.** Une description précise et documentée du temple d'Hathor à Dendérah offre un éclairage nouveau sur l'architecture égyptienne : voir Pierre Zignani, *Enseignement d'un temple égyptien*, Presses polytechniques et universitaires romandes, 2008. **13.** Il faut espérer que la transformation actuelle de l'édifice en un lieu de réception permettra de conserver ce riche décor et ses couleurs originales, le patrimoine maçonnique étant fragile du fait de l'évolution de la destination des édifices. **14.** Le temple date du début du XXe siècle et a été modifié, par suite d'un incendie, dans les années 1940. **15.** Voir la partie consacrée aux architectures de l'AMORC dans l'ouvrage de William Pesson, *Architectures rosicruciennes*, Bruxelles, AAM, 2016.

MEDITERRANEAN CRUISES
BY
MESSAGERIES
MARITIMES
SANDY-HOOK
Les Impts FRses RÉUNIES. 25. Bd des Italiens. PARIS

TOUT EN PAQUEBOT

Emmanuel Bréon

Mariette Pacha, le jardin d'hiver, carte postale ancienne.

Page de gauche
Sandy-Hook, *Le Champollion*, affiche des Messageries maritimes, 1925.

Au début du xxᵉ siècle, le *Karnak* et le *Lotus*, deux paquebots modestes des Messageries maritimes, sont affectés à la ligne de Marseille vers Alexandrie, mais sans avoir reçu de décors assortis à leur nom et à leur destination. Sans prétendre rivaliser avec les compagnies qui exploitent l'Atlantique Nord, dont la fameuse Compagnie générale transatlantique, celle des Messageries maritimes va souhaiter s'adapter et offrir à sa clientèle – les touristes des Années folles – un confort plus grand tout en renouvelant la tradition qui propose une relation plus étroite entre le navire et sa destination. Nommé directeur en 1918, le fin lettré et armateur Georges Philippar se lance dans un ambitieux programme de constructions navales aux chantiers de La Ciotat[1]. Parmi les dix navires à y voir le jour, de 1924 à 1934, les deux plus originaux sont assurément les paquebots *Champollion* et *Mariette Pacha*, arborant trois cheminées, synonymes de prestige et de rapidité. Féru d'arts, et notamment de l'Islam, Georges Philippar s'intéresse de près à la décoration des navires, sujet sur lequel il donnera une conférence à l'Institut océanographique de Paris, le 11 décembre 1926. Pour les deux fleurons de la flotte, il a choisi un décor « à l'égyptienne », certainement sous l'influence de l'égyptomanie qui venait d'être relancée par la révélation au monde de la tombe de Toutankhamon. Comme pour contrebalancer l'effet produit par cette découverte britannique, la France va ainsi rappeler que l'archéologie est une longue suite de recherches qui oblige le nouveau découvreur, Howard Carter, vis-à-vis de ses aînés. Le choix de l'appellation des deux paquebots par Georges Philippar est, en ce sens, très signifiant. Jean-François Champollion et Auguste Mariette sont les deux pères fondateurs de l'égyptologie française. *Champollion* donc pour le premier paquebot, *Mariette Pacha*, pour son *sister ship*, c'est-à-dire son jumeau. Ils sont tous les deux à destination de l'Égypte et de la Syrie et exactement de la même taille, en longueur comme en largeur. Ils ont une capacité d'embarquement similaire : 188 passagers en première classe, 135 en seconde, 128 en troisième, 780 à l'entrepont. De belles affiches lithographiées en couleur par Sandy-Hook ou Albert Brenet présentent leurs silhouettes fières et dynamiques entrant à Alexandrie ou quittant Marseille. De face ou de profil, ils laissent souvent apparaître, telle une ombre mystérieuse, un pharaon coiffé du némès ou le sphinx de Gizeh. Pour chaque destination, une affiche ! Les Messageries maritimes savent se vendre, et les cheminées de leurs paquebots arborant le logo de la compagnie, deux M sur fond rouge et blanc, se voient de loin.

Le paquebot *Champollion* est inauguré le 16 mars 1924, en présence de Luynes d'Auteroche, petit-neveu de Jean-François Champollion, et de Georges Philippar. Le paquebot *Mariette Pacha* est lancé l'année suivante, le 8 février 1925. L'armateur a voulu et a supervisé la réalisation d'un décor égyptien pour les deux navires, dont les aménagements seront assurés par l'architecte Georges-Eugène Raymond[2]. Les passagers en partance pour l'Égypte vont donc découvrir une ambiance immersive constituée tout à la fois de fantaisies hollywoodiennes et d'observations archéologiques plutôt crédibles. « Un tel décor ne donnerait-il pas le goût des voyages aux plus sédentaires ? » remarque un journaliste des *Échos des industries d'art*, en août 1926[3].

Champollion, le salon de musique de la première classe, brochure publicitaire.

Quelques articles et cartes postales anciennes, malheureusement en noir et blanc, nous renseignent sur les différents aménagements des ponts et des circulations et sur la disposition des salons de conversation et de musique, des salles à manger, fumoirs et jardin d'hiver. Pour la couleur, il faut s'en remettre aux journalistes qui font l'inventaire des bois employés : citronnier, érable blanc, acajou, sycomore, bouleau du Canada, frêne, chêne et noyer. Cette énumération a le mérite de rendre compte de la préciosité de l'ensemble.

Le décor « à l'égyptienne » est réservé aux premières classes. Les thèmes des différentes dynasties des pharaons, mêlés, recréés, transformés, sont partout présents et participent d'un décor étonnant dont ils constituent les points forts. Comme issus des mastabas, faucons, cobras, scarabées simples ou ailés, croix ankhs (ou ansées), fleurs de lotus, triples lunes apparaissent en frise pour souligner les passages, sur les fûts des colonnes lotiformes, aux plafonds des salons et coursives, en motifs ajourés pour les ferronneries des grilles d'escalier ou des ascenseurs. Pour les deux navires, une élégante et même moquette à motifs de fleurs de papyrus et de lotus unifie l'ensemble des dispositifs décoratifs. Le mobilier est inventif et directement inspiré des découvertes des différents tombeaux des reines et des rois : fauteuils et chaises à assise carrée et aux dossiers ajourés pour les salons de repos, chaises gondoles à assise de cuir pour les salles à manger. Guéridons, buffets présentoirs, tables d'écriture, canapés, banquettes, tabourets et poufs associent une ambiance égyptienne à la simplicité de l'Art déco. Les jardins d'hiver ont été particulièrement bien traités et accueillent, en leur centre, des fontaines d'eau recouvertes de mosaïques par Alphonse Gentil et Eugène Bourdet[4]. Ces deux architectes mosaïstes les ont conçues dans leurs ateliers prolifiques de Billancourt. Maîtres incontestés d'une technique revenue à la mode, ils ont été sans doute retenus pour la qualité de leur travail de décor du cinéma Louxor, inauguré en 1921 à Paris.

Le décor peint, cher au président Georges Philippar, est très présent sur les deux fleurons des Messageries maritimes. Gilbert Galland, Mathurin Méheut, Albert Brenet, Léon Fontan participent à la

Champollion, cage d'escalier des premières classes, décorée d'une peinture de Jean Lefeuvre.

Champollion, le salon de musique des premières classes.

Mariette Pacha, le fumoir et la salle à manger des premières classes.

Page de droite et double page suivante
Après le dîner sur le *Mariette Pacha* : une heure de conversation et de musique dans le grand salon. Composition de Léon Fauret d'après des croquis de G. Garreau, *L'Illustration*, 25 septembre 1926.

décoration du *Mariette Pacha* tandis que seul est cité Jean Lefeuvre pour celle du *Champollion*[5]. Prix de Rome ou peintres de la Marine nationale, ces artistes réalisent de grandes toiles présentant des scènes reconstituées de l'Égypte antique ou grands paysages évoquant la vallée des Rois et ses trésors, comme le temple de la reine Hatchepsout. Célèbre pour ses billets édités par la Banque de France – Henri IV, Corneille, Voltaire, Molière –, Jean Lefeuvre réalise pour l'escalier d'honneur du *Champollion* une grande toile décorative, dans le goût de l'un de ses aînés, le peintre Georges Rochegrosse. Entourée de deux figures de reines aux robes près du corps, sculptées en bois et positionnées dans des niches, la peinture évoque une scène de navigation sur le Nil : « Centrée sur un bateau fort bien reproduit avec son œil oudjat à l'avant ; des esclaves rament, aidés par une voile dont le vent gonfle le vautour ailé qui la décore ; sous un abri, une princesse est éventée et distraite par des servantes dénudées ; sur la rive s'ébattent ibis et flamants roses[6]. » Le salon de conversation et de musique du *Mariette Pacha* reçoit un décor de même facture : une grande toile montrant une princesse égyptienne assistant à un concert féminin donné pour elle. Peintre des mondanités, chroniqueur à *L'Illustration*, Léon Fauret a peint avec virtuosité une soirée tenue dans ce salon du *Mariette Pacha* : élégantes garçonnes, au carré presque égyptien, devisant avec leurs partenaires empressés. Les VIP furent nombreux à naviguer sur les deux paquebots. Le sculpteur Raymond Delamarre et l'architecte Michel Roux-Spitz empruntèrent cette ligne mythique des Messageries afin de réaliser l'un de leurs chefs-d'œuvre : le *Monument du canal de Suez*.

La vogue pour l'Égypte antique à bord des paquebots devait perdurer[7]. En 1935, comme pour conjurer la crise, la Compagnie générale transatlantique inaugure le paquebot *Normandie*. Pour décorer son fumoir, Jean Dunand est appelé à réaliser des laques de plus de six mètres de haut sur le thème de la chasse et de la pêche[8]. Pour ces compositions monumentales, Jean Dunand s'inspire des bas-reliefs égyptiens et s'ingénie à sculpter les moindres détails à la gouge et à la râpe, avant de les recouvrir de laque d'or. Véritable prouesse sur le plan de l'exécution technique, l'ensemble de panneaux s'avère une entreprise colossale. Une centaine d'apprentis vont travailler d'arrache-pied aux opérations de ponçage et de laquage dans l'atelier parisien de l'artiste. En partie sauvé du naufrage, cet ensemble est aujourd'hui considéré comme l'un des sommets de l'Art déco à décor égyptien.

NOTES

1. Georges Philippar devient président des Messageries maritimes en 1925, succédant à Félix Roussel. Il s'intéressera également à la construction d'hydravions. **2.** *Cf.* Frédéric Ollivier, Aymeric Perroy et Franck Senant, *À bord des paquebots*, Paris, Éditions Norma, 2011. **3.** « La décoration moderne, le *Mariette Pacha* », *Les Échos des industries d'art*, n° 13, août 1926, p. 16-17. **4.** *Cf.* Emmanuel Bréon et Florence Slitine, *Sèvres-Boulogne-Billancourt, la céramique indépendante*, Paris, éd. Argus Valentines, novembre 2007. **5.** Jean Lefeuvre, Prix de Rome (1908) ; Gilbert Galland, peintre de la Marine (1900) ; Mathurin Méheut ; Albert Brenet, peintre de la Marine (1936) ; Léon Fontan. **6.** Jean-Marcel Humbert, « Le *Champollion*, fleuron de l'Égyptomanie navale », *Cols bleus*, n° 2102, 24 novembre 1990. **7.** Parmi d'autres paquebots ayant reçu des décors et du mobilier à l'égyptienne, citons le *Théophile Gautier*, avec un tableau du *Roman de la momie* (Messageries maritimes, 1926), et le *R.M.S. Monarch of Bermuda*, avec son Verandah Café (Furness, Withy & Co Ltd, 1931). **8.** Félix et Amélie Marcilhac, *Jean Dunand*, Paris, Éditions Norma, 2020.

Léon Fauret

SCULPTER À LA MODE ÉGYPTIENNE

Claire Maingon

Alberto Giacometti, d'après le *Scribe accroupi* du Caire, vers 1921. Succession Alberto Giacometti (Fondation Giacometti).

Page de gauche
Marcel Gaumont, monument aux morts, Laon, 1923. Charles Abella architecte.

L'influence de l'art égyptien ancien et de l'imaginaire associé à l'Égypte pharaonique est importante dans la sculpture de l'entre-deux-guerres. Elle porte sur deux aspects : l'intérêt de certains artistes modernes pour le primitivisme de l'art égyptien ancien, et celui d'autres sculpteurs pour des thèmes iconographiques liés à l'Égypte et alors très à la mode (Cléopâtre, les danses égyptiennes…). La sculpture Art déco a ceci de particulier que ce style, défini *a posteriori* dans les années 1960, regroupe des sculpteurs de tendances et d'expressions très diverses mais qui ont en partage la volonté de créer des œuvres désirables, souvent précieuses (ou d'apparence précieuse), figuratives et stylisées[1]. Ainsi, si Demeter Chiparus, auteur de petites statuettes féminines à l'aspect gracile et recherché, est l'un des visages de la sculpture Art déco, son contemporain et compatriote roumain Constantin Brancusi, sculpteur d'avant-garde dont l'œuvre est d'une grande épure formelle, est aussi considéré par certains spécialistes comme relevant de ce style. Bien d'autres sculpteurs incarnent également la mouvance de l'Art déco, par exemple dans le champ de la sculpture monumentale au cours des années 1920 et 1930, comme Alfred Janniot.

UNE STYLISATION INSPIRANTE

Commençons par évoquer l'attrait que connaissent les artistes du début du XXe siècle pour la sculpture égyptienne antique. Lorsque Matisse remarque pour la première fois des sculptures africaines dans la vitrine d'un magasin d'antiquités, il pense immédiatement aux « immenses têtes de porphyre rouge des collections égyptiennes du Louvre ». Non que l'artiste fasse une confusion, mais il effectue un rapprochement stylistique entre ces deux primitivismes. Il n'est pas étonnant que Matisse pense à l'art égyptien, car les artistes modernes (Picasso, Modigliani, Moore ou Giacometti) sont habitués à visiter les collections d'art égyptien des grands musées occidentaux. Giacometti, notamment, aime dessiner devant les antiquités égyptiennes du Louvre. Les enjeux posés par la sculpture égyptienne nourrissent sa propre réflexion sur la notion d'espace, de hiératisme, de représentation. Il ne s'agit pas, pour ces artistes, de copier l'Égypte, mais plutôt de découvrir de nouvelles sources d'inspiration graphiques, esthétiques, en phase avec leur vision de la sculpture moderne[2]. La stylisation de la sculpture antique égyptienne les fascine, car elle montre que le réalisme n'est pas forcément mimétique, illusionniste ou naturaliste. Ainsi, Jacob Epstein, appelé à témoigner dans le procès opposant en 1927 Constantin Brancusi aux États-Unis au sujet de son *Oiseau dans l'espace*, entend prouver qu'il s'agit bien d'une œuvre d'art en dépit de son caractère abstrait. Pour cela, il produit devant la cour une sculpture égyptienne représentant un faucon. Cette sculpture égyptienne présente elle aussi des qualités d'abstraction (ni les plumes ni les pattes ne sont figurées) et, pourtant, personne ne remet en cause son statut d'œuvre d'art. Pour Epstein, l'*Oiseau dans l'espace* de son ami Brancusi « s'apparente à la forme de sculpture ancienne la plus accomplie, comme celle de l'Égypte antique, vieille de

trois mille ans[3] ». Ossip Zadkine interprète quant à lui le graphisme et la ligne égyptienne cans *La Jeune Fille à la colombe* (1928). Comme sur un bas-relief égyptien, son visage est représenté de profil et orné d'un œil unique de face. Joseph Csaky, également venu du cubisme, réalise lui aussi dans les années 1920 des bas-reliefs polychromes apparentés à l'Égypte pharaonique, voire cite des motifs clairement inspirés de la culture égyptienne (*Anubis*, 1924).

MONUMENTALITÉ ET HIÉRATISME

Des historiens de l'art, tel Henri Lechat, et des égyptologues, tel Jean Capart, consacrent des études générales ou particulières aux spécificités de la sculpture égyptienne antique, notamment à sa frontalité et à son hiératisme[4]. À l'heure d'un renouveau de la sculpture monumentale dans les années 1920, certains sculpteurs s'emploient à renouer avec la grandeur et la majesté des grands exemples du passé égyptien, sans toutefois verser dans le pastiche. Pensons tout particulièrement au *Monument à la défense du canal de Suez*, conçu par l'architecte Michel Roux-Spitz et le sculpteur Raymond Delamarre (tous deux Prix de Rome) à Ismaïlia, en bordure du lac Timsah. Inauguré en 1930, il se compose de deux immenses pylônes séparés par une large fente, symbole du canal mais évoquant aussi l'entrée du temple d'Amon à Louxor. Les pylônes sont précédés de deux allégories colossales reliées à l'architecture par l'intermédiaire de leurs ailes latérales. Ce positionnement de la sculpture monumentale en avant-corps rappelle les monuments de l'Égypte ancienne. Roux-Spitz, à plusieurs reprises, insiste dans des lettres à Delamarre sur la nécessité de conserver « le caractère hiératique des figures égyptiennes, tout en affirmant une conception essentiellement moderne[5] ». L'Égypte ancienne est, en effet, un modèle d'intégration harmonieuse de la sculpture à l'architecture, comme le défendait Viollet-le-Duc à la fin du XIXe siècle.

Les artistes monumentaux aiment emprunter au répertoire égyptien des motifs décoratifs qui leur permettent d'obtenir des effets de stylisation intéressants, à l'exemple des ailes déployées que l'on retrouve sur certains monuments aux morts de la Grande Guerre français comme américains (le monument aux héros du *Dixmude*, à Pierrefeu-du-Var en 1925, signé par l'architecte Roux-Spitz et le sculpteur Armand Martial ; le monument aux morts de Laon, réalisé en 1923 par l'architecte Charles Abella et le sculpteur Marcel Gaumont ; *Wings of the Republic* du sculpteur américain Oscar J. W. Hanssen). La stylisation, la frontalité et le hiératisme de la sculpture égyptienne antique sont une manière, pour de nombreux artistes, de définir un style moderne, loin du naturalisme et du symbolisme du XIXe siècle. Il n'est pas rare que l'influence de l'Égypte soit mêlée dans ces œuvres à d'autres sources d'inspiration anciennes, comme la Grèce archaïque et classique ou la culture celtique. Bien sûr, certaines références à l'Égypte peuvent être plus littérales, comme l'illustre très bien l'œuvre monumentale de Mahmoud Mokhtar, sculpteur égyptien formé aux Beaux-Arts de Paris. Dans le contexte de la révolution égyptienne de 1919, Mokhtar éprouve le besoin d'exprimer son patriotisme et réalise *Le Réveil de l'Égypte*, un monument associant des symboles très identifiables de la culture égyptienne antique, le sphinx se redressant à côté d'une figure féminine ôtant son voile qui évoque la déesse Isis.

Joseph Csaky, *Anubis* ou *Tête de chien*, 1924. Sotheby's.

Page de droite
Raymond Delamarre et Michel Roux-Spitz, *Monument à la défense du canal de Suez*, 1930.

Sculptures de Mahmoud Mokhtar, monument à la mémoire du leader nationaliste égyptien Saad Zaghloul Pacha, Alexandrie, 1937-1940.

Mahmoud Mokhtar, *Le Réveil de l'Égypte*, 1928.

Mahmoud Mokhtar, *Arous el-Nil* (*La Fiancée du Nil*), pierre, vers 1929. Paris, Centre Pompidou, en dépôt à La Piscine, musée d'Art et d'Industrie André-Diligent, Roubaix.

L'IMAGINAIRE ÉGYPTIEN DANS LA SCULPTURE D'ÉDITION

Dans le champ de la sculpture animalière, plébiscitée par les collectionneurs, le motif du chat égyptien est à la mode. Assis sur ses pattes arrière, hiératique et aussi mystérieux qu'un sphinx, il semble être le gardien de secrets ancestraux. Les frères Martel, sculpteurs associés à la mouvance cubiste, ou Édouard-Marcel Sandoz déclinent ainsi ce motif dans les années 1920 et 1930. D'autres animaux, campés dans les postures d'immobilité et traités de manière graphique, évoquent aussi les lointains modèles égyptiens. Pensons par exemple au *Grand taureau* de François Pompon, cu au *Chacal* et au *Fennec* de Georges Hilbert. Ce sculpteur s'est à plusieurs reprises inspiré du bestiaire égyptien, sans chercher à le pasticher. Ces artistes animaliers des années 1920 rompent singulièrement avec la tradition naturaliste de leurs prédécesseurs (Rembrandt Bugatti ou Paul Jouve).

Les références à l'imaginaire égyptien sont également cultivées dans la sculpture d'édition, plus commerciale, très en vogue durant l'entre-deux-guerres et qu'incarnent les sculpteurs Demeter Chiparus, Claire Colinet, Émile Adolphe Monier, Joe Descomps ou Domenico Alonzo. Les statuettes

François Pompon, *Grue couronnée au repos*, bronze et patine noire, 1926. Christie's Images Limited.

Page de droite
Chat égyptien, dit Gayer-Anderson, basse époque (664-332 av. J.-C.). Londres, British Museum.

Frères Martel, *Le Chat*, lakarmé noir, non daté. Don des auteurs au musée en 1925. Collection musée de Fontenay-le-Comte.

Édouard-Marcel Sandoz, *Chat assis*, 1926.

Georges Hilbert, *Chacal* (ou *Renard des sables*), granit des Vosges, signé et daté « Hilbert 25 » sur la terrasse. Collection galerie Malaquais.

Domenico Alonzo, *Danseuse égyptienne*, bronze, vers 1925. Parfois utilisé comme mascotte d'automobile. Artcurial, Paris.

Demeter Chiparus, sculpture en bronze, patine brune figurant une Égyptienne dansant. Terrasse en marbre portor. Signé « D.H. Chiparus » sur la terrasse et sur la plaque, vers 1925. Artcurial, Paris.

Claire Colinet, *Danseuse égyptienne*, bronze doré, vers 1925. Auction Fr.

Page de droite
Danseuse-acrobate, statuette anonyme en bronze peint, base en onyx marron rehaussé d'une plaque en bronze à décor d'Égyptienne, vers 1925. Collection Jean-Marcel Humbert.

de cette mouvance, très décoratives, patinées or ou argent, pouvant inclure des matières précieuses comme l'ivoire, montées sur des socles de marbres ou d'onyx, s'achètent à cette époque dans les grands magasins ou chez des éditeurs d'art. Elles traitent fréquemment du thème de la danse à l'égyptienne dans l'esprit des Ballets russes, avec sa gestuelle caractéristique, ou de la figure devenue iconique de Cléopâtre. Ces sujets féminins, élégants et légers, séduisants et très ornementés, sont typiques du goût de la bourgeoisie et de la classe moyenne dans les années 1930, au même titre que les céramiques prisées dans la décoration des intérieurs de la vie moderne.

NOTES

1. Alastair Duncan, *Art déco sculpture*, Paris, Citadelles et Mazenod, 2016, p. 6. **2.** *Giacometti et l'Égypte antique*, Paris, Institut Giacometti, 22 juin-10 octobre 2021. **3.** *Brancusi contre États-Unis. Un procès historique, 1928*, préface de Margit Rowell, Paris, Gallimard, 1995, p. 30. **4.** Jean Capart, « L'art égyptien et la loi de la frontalité, à propos d'une statuette du cabinet des Médailles », *Monuments et mémoires de la fondation Eugène Piot*, t. XXVI, 1923, p. 47-66. **5.** Michel Roux-Spitz, *Discours pour l'inauguration du canal de Suez*, janvier 1930, tapuscrit (archives familiales Delamarre).

Joe Descomps, *Cléopâtre*, sculpture chryséléphantine en bronze à patine argentée et verte ; les mains et la tête sont en ivoire taillé, base à gradins en onyx, années 1920. Aguttes.

Page de gauche
Otto Hafenrichter, *Danseuse égyptienne*, bronze doré, 1926.

ÉGYPTOMANIE ET COQUETTERIE

Laurence Mouillefarine

Tiffany & Co, collier, lapis-lazuli, turquoise, ambre et or, vers 1925. Christie's New York.

Page de gauche
Robe du soir à motifs égyptiens photographiée par Dora Kallmus, dite Madame d'Ora, 1927.

« La mode a rendez-vous près du Nil », énonce le *Vogue* américain en avril 1923. « L'Égypte antique a inspiré de fort belles créations », lit-on dans l'édition française du même magazine en avril 1926. « Le chapeau "Toutankhamon" est arrivé », se réjouit le *Daily Express*, gazette britannique[1]. À l'évidence, l'engouement pour le pays des momies a gagné le monde de la frivolité. Il se manifeste déjà à Paris au moment de l'arrivée des Ballets russes. *Cléopâtre* est l'un des premiers spectacles qu'y donne la troupe de Serge de Diaghilev, en juin 1909 sur la scène du Châtelet. Il fait sensation. Les décors et costumes chatoyants de Léon Bakst, qu'on surnomme le « Gauguin du théâtre », ont marqué les esprits. L'artiste russe, par ailleurs, rêve d'habiller les élégantes à la ville[2]. Jeanne Paquin, grande dame de la couture qui reçoit le gotha, lui en offre l'occasion en 1913, en l'invitant à concevoir une collection. Parmi les « robes modernes » de Bakst, glorifiant des figures féminines et déesses de l'Antiquité, on remarque une gracieuse « Isis ». « La robe égyptienne » fait une nouvelle apparition dans *Femina* en juin 1920, qui montre Mlle Aline Clairval, vedette oubliée, vêtue de crêpe noir, couvert de dessins pailletés. La richesse de l'étoffe évoque la magnificence des cours pharaoniques telles qu'on les imagine. Cette même année, ainsi que le signale *Vogue*[3], « Madeleine & Madeleine étudient la mode de Karnak et Louxor et embellissent les robes du soir d'un reflet de la splendeur égyptienne ». La maison était, en effet, prisée pour le luxe de ses créations : soieries brochées, satin alourdi de jais, lamés. Paris donne le ton. L'Égypte est dans l'air du temps à la capitale avant même que ne soient révélés les trésors de Toutankhamon. Il est vrai que l'archéologue Howard Carter, opiniâtre, mit huit ans pour atteindre son but, au désespoir de Lord Carnarvon, impatient, qui finançait l'expédition… À l'annonce de leur stupéfiante découverte, en novembre 1922, la vogue égyptisante bien sûr s'amplifie. Les couturiers les plus prestigieux s'engouffrent dans la brèche. Tous ! Les tenues de soirée de Jenny, Doucet, Drecoll sont présentées dans la presse[4] en compagnie de statuettes égyptiennes appartenant à des musées. Les bandelettes des momies suscitent chez Suzanne Talbot la décoration d'une robe en reps marine sur laquelle des bandes de gros-grain dessinent un quadrillé. Drôle d'idée. Dans ses salons du faubourg Saint-Honoré, au printemps 1924, Paul Poiret dévoile la « Nubienne », une robe de soirée lamée or dont les pans de tissu roulés sur la ceinture ne sont pas sans rappeler les pagnes ; le modèle s'accompagne d'une ribambelle de bracelets qui encerclent l'avant-bras comme il s'en portait dans la région du Nil. Aux vêtements antiques, les stylistes parisiens empruntent les drapés et les plissés. Certaines robes se font moulantes, très moulantes, retenues par de fines et longues bretelles. Autres détails typiques : l'ampleur de la jupe ramenée en avant où la maintient un motif fantaisie ou un bijou ; l'écharpe autour des hanches ; l'échancrure du décolleté en V. Les encolures des robes, agrémentées de motifs appliqués et colorés, imitent le collier *ousekh*, fameux collier-plastron.

Robe du soir présentée dans le magazine britannique *Ladies Field*, 1922.

Madeleine Vionnet, robe du soir rehaussée de broderies, août 1924.

Page de gauche
Une élégante photographiée vers 1915.

Double page suivante
Charles Martin, « Aphrodite dans les jardins de la déesse », *Gazette du bon ton*, mai 1914, planche 43.

La fascination pour l'empire des pharaons se traduit en particulier dans le décor des tissus. Les broderies de fils d'or ou d'argent, de perles, de tubes transparents qui animent robes, vestes et manteaux, reprennent les sujets admirés sur les peintures des sépultures : hiéroglyphes, animaux ou végétaux. Même Madeleine Vionnet, oui, même elle, célébrée pour la modernité de sa coupe en biais, a recours à des frises classiques pour rehausser ses toilettes. Voici l'œil d'Horus, la croix ankh, symbole d'éternité, des ibis, un chacal, les fleurs de lotus… C'est mystérieux. C'est merveilleux. En cette délirante période d'après-guerre, la clientèle fortunée, encline à dépenser, ne demande qu'à être enchantée. Les créateurs de mode doivent sans cesse se renouveler. Vite ! Ils traquent la muse de tous côtés. Jean Patou, notre séducteur, le confirme : « Les broderies que je prépare seront internationales : la Perse, l'Inde, l'Égypte, la Chine, la Hongrie et la Roumanie se rencontreront sur nos robes comme en un atlas illogique, bigarré et vivant. Ce n'est plus en voyageant que l'on apprendra la géographie, mais en voyant la collection d'un couturier[5]. » Jeanne Lanvin, elle aussi, est renommée pour la beauté de ses dessins brodés. Sa maison de haute couture est la seule, avec Patou, à disposer de son propre atelier de broderie, alors que leurs concurrents font appel à des artisans extérieurs. Une manière d'éviter les contrefaçons. Entre autres splendeurs, ses petites mains réalisent « Sphinx », une robe couleur vert absinthe, décorée de fils d'argent et de cuivre, dont les manches, tout en légèreté, suggèrent les ailes d'un oiseau. Un hommage à la déesse Maât, laquelle incarne la vérité et la justice, souvent représentée les bras ouverts, prolongés par des ailes déployées. « Jeanne Lanvin, à travers ses motifs ornementaux, fit toujours preuve d'une inspiration sans frontières », souligne l'auteur de sa monographie[6]. La créatrice trouvait ses élans dans

Édouard Marty, « L'ancienne Égypte transparaît sous ces créations modernes. Jenny, Doucet, Drecoll », *Vogue*, avril 1923.

« Pourquoi ne ferait-on pas un bal égyptien où toute la splendeur de cette époque serait évoquée », illustration signée Saint-Romain parue dans *L'Art et la mode*, 1924.

« Suggestions pour travestis. Égyptiennes », *Art-goût-beauté*, février 1925.

Page de droite
Harper's Bazar, couverture par Erté du numéro de février 1927.

2/6 in London 50¢ 15 fr. in Paris

Harper's Bazar

February
1927

THE COMING SPRING MODE

Anita Loos Arthur Somers Roche Baron de Meyer

Paquin, « Momie », dessin à l'aquarelle d'une robe du soir en lamé, créée par Madeleine Wallis, alors directrice artistique de la maison de couture, été 1923.
Londres, Victoria and Albert Museum.

Lanvin, « Sphinx », dessin d'une robe du soir courte en crêpe absinthe, brodée de fils d'argent et de cuivre, été 1926.
Patrimoine Lanvin.

Page de gauche
Veste du soir en lamé brodé, vers 1923.
Londres, Victoria and Albert Museum, don de M. Clive Scrimshaw.

Jeanne Lanvin devant les pyramides de Gizeh, 1927.
Patrimoine Lanvin.

Lanvin, « Sphinx », robe de crêpe noir et coiffure en lamé argent monté sur tulle noir, présentée dans *Vogue*, novembre 1936.

Page de droite
Gants en cuir brodé de fils de soie, vers 1925.
Los Angeles County Museum of Art.

sa bibliothèque riche de livres de voyage. Elle-même pérégrinait. De ses séjours à l'étranger, elle rapportait moult textiles anciens qui stimulaient son inventivité. Jeanne Lanvin visita Le Caire en 1927-1928, sans doute à l'occasion de l'Exposition d'art français. Une photographie la montre, impériale, hissée sur un dromadaire devant les pyramides de Gizeh. Une décennie plus tard, son intérêt pour cette culture ne s'est pas émoussé. En 1936, elle dessine une autre robe « Sphinx ». Le mannequin, l'air hiératique, qui présente ce fourreau noir dans *Vogue*[7], porte une coiffe de lamé argent digne de la *Cléopâtre* mise en scène par Cecil B. DeMille.

L'influence de Louxor se déploie à travers le moindre accessoire de mode. Des éventails rappellent le *flabellum* en plumes d'autruche qu'agitaient des esclaves tout au long de la journée pour protéger les dignitaires de la chaleur et chasser les mouches. Les pommeaux de parapluie sont sculptés de scarabées, emblèmes du soleil levant et de la résurrection. Certes, soyons honnêtes, les froufrous, parfois, n'ont d'égyptien que le nom. L'Égypte qui invite au rêve fait vendre. Les gants fabriqués par Pischl à Grenoble s'appellent « Pyramide ». Les bas des Manufactures réunies s'intitulent « Le Nil[8] ». Les soieries Ducharne sont fières de leur panne baptisée « Sésostris ». Les fabricants de textiles, en effet, sollicitent le fief de Ramsès pour promouvoir leur lin, leur soie naturelle, leur gabardine. En s'appuyant sur une civilisation millénaire, ils sous-entendent « pérennité ». Les pages de publicité de Marescot, spécialiste de dentelles, mettent en scène la cour de Cléopâtre. Une valeur sûre ! Des déesses représentées sur les bas-reliefs ou les fresques, on admire la sveltesse. D'autant qu'enveloppées dans des voiles transparents elles ne cachent rien de leurs formes. Aussi titillent-elles l'imagination des stylistes en lingerie. L'égyptomanie se glisse jusqu'aux dessous féminins. Sous le sable égyptien, le sein ! Denise Ferrero, touchée par une statue de l'époque saïte[9], invente la « Corbeille Récamier », formée de deux bonnets reliés par une petite chaîne, soutien-gorge avant l'heure. Les coquettes se veulent exotiques de la tête aux pieds. Elles se coiffent d'un carré de tissu rayé, interprétation du némès royal. Frisent-elles le ridicule ? Qu'importe ! En ces Années folles, toutes les excentricités sont non seulement permises, mais impératives. Les souliers griffés Julienne se ferment par des brides en cuir doré dessinant des feuilles de papyrus tandis que, de l'autre côté de la Manche, des escarpins « Queen Tut » font fureur. À mesure que les reportages du *Times* suivent les avancées de Howard Carter au sein du tombeau de

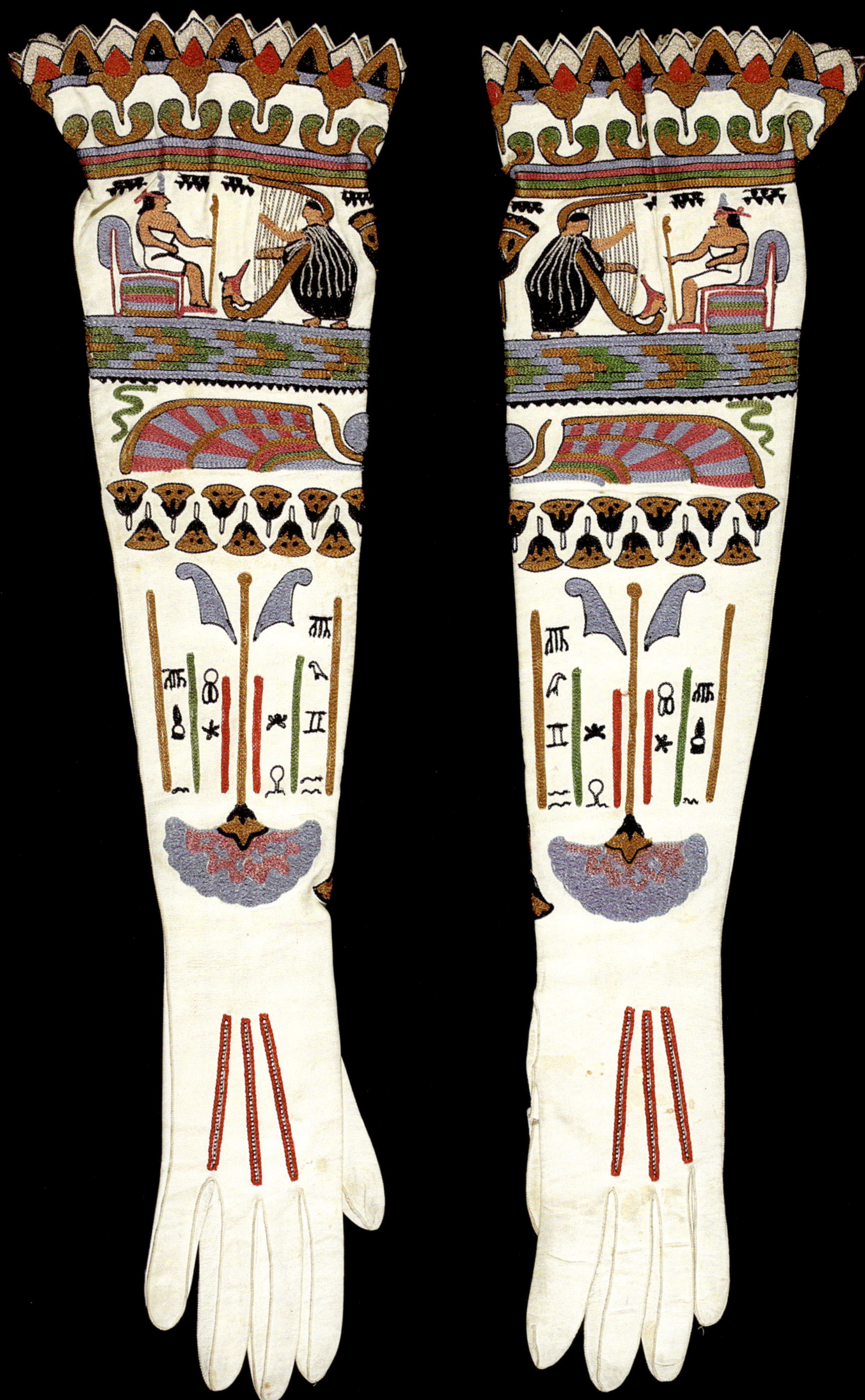

ÉGYPTE
AN 722
PARIS
1927

Toutankhamon, une folie s'empare des Britanniques : la « tutmania ». Les Anglaises portent des sandales imitant les modèles que chaussait le jeune roi. Des blouses imprimées apparaissent dans les boutiques chics de Londres, dont les motifs se veulent « l'exacte reproduction des hiéroglyphes de Louxor ». Les plus excentriques arborent des bandeaux piqués de bijoux en toc en forme de cobras. Si le serpent se veut un animal protecteur dans la mythologie, la parure qui barre le front de ces dames n'est pas toujours des plus seyantes... Les grands magasins proposent des colifichets kitsch à souhait : des bourses perlées dont le travail figure une tête de pharaon ou une momie tandis que le fermoir en Bakélite, galalithe, celluloïd et autres matières plastiques, est sculpté de déesses dénudées, de créatures ailées ou de dromadaires un peu abrutis dans le désert... Tout y est ! Les bijoutiers s'intéressent, également, aux sacs à main. Des pochettes du soir voient leur fermoir animé d'une jeune nageuse en or massif. Cette figure allongée et gracieuse se rencontre sur les antiques « cuillers à fard » exposées dans les musées. Un autre sac à main, signé Cartier, en or, platine et diamants, dépeint des « jeunes filles cueillant des lotus ».

**Julienne, paire d'escarpins, lamé or et brides en cuir doré, vers 1925.
Paris, musée Galliera, don de madame Jacques Cerf.**

**Cartier Paris, projet pour un sac égyptien, gouache sur papier cartonné, vers 1925.
Paris, Archives Cartier.**

Page de gauche
Publicité Denise Ferrero pour un article de lingerie inspiré de l'art saïte, 1928.

Monture en celluloïd pour sac à main, vers 1930.

Page de droite
Sac à main « à la nageuse », soie brodée, argent, or, incrustations d'ivoire, émail cloisonné, émeraudes, brillants, France, vers 1922. Karlsruhe, Badisches Landesmuseum.

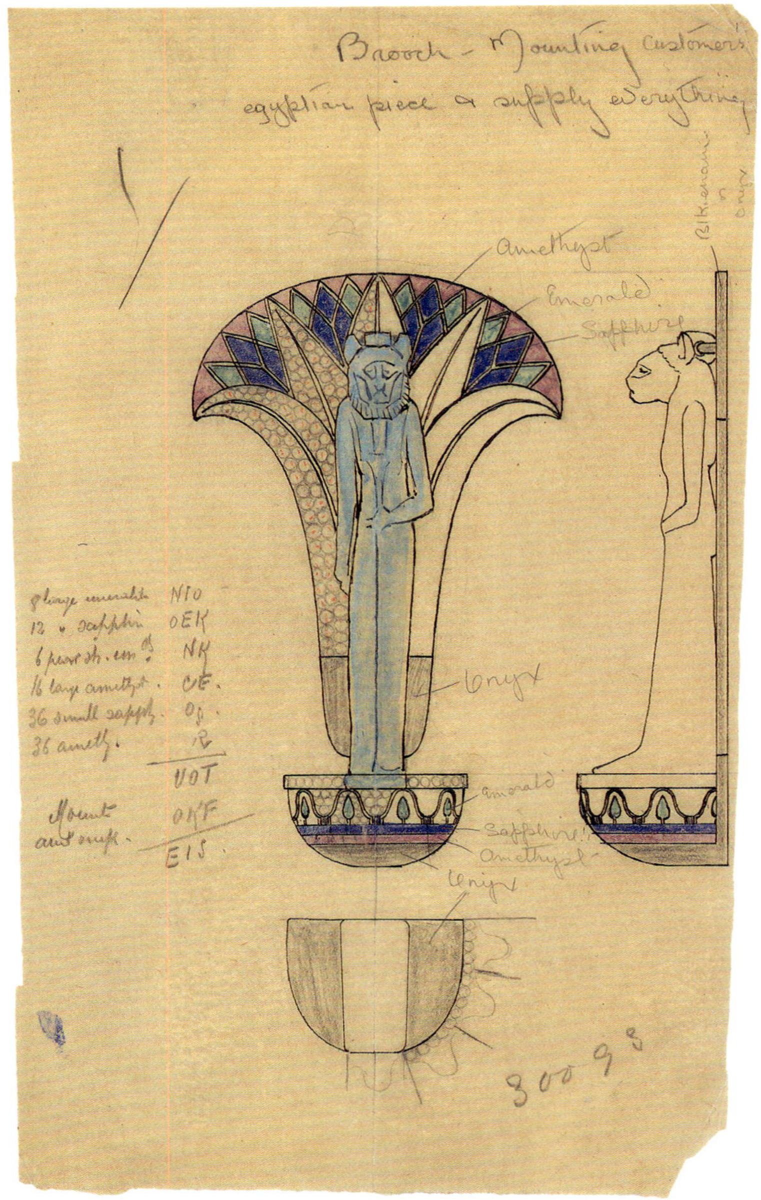

Auguste Racinet, *L'Ornement polychrome*, planche III, Paris, Librairie de Firmin Didot et Cie, vers 1883.
Paris, Archives Cartier.

Cartier Londres, projet pour une broche à l'effigie de la déesse Sekhmet, crayon graphite, encre de Chine et gouache sur papier transparent, 1925.
Paris, Archives Cartier.

Les trésors ensevelis avec la dépouille de Toutankhamon ont, bien sûr, stimulé les joailliers. Ils ont découvert la palette des pierres dures propres à l'orfèvrerie pharaonique : la cornaline rouge foncé, la turquoise, le lapis-lazuli d'un bleu profond. Ils s'empressent de les utiliser à leur tour. De ces matières hautes en couleur, Louis Comfort Tiffany, directeur artistique de Tiffany & Co à New York, composa un collier-pendentif. C'est Cartier, cependant, un champion, qui, au début du XXe siècle, fut le premier à se tourner vers la civilisation du Nil. Dès 1913 apparaît dans ses collections un pendentif « pylône » dont la construction rappelle la porte d'un temple, tandis que son décor, en onyx et diamants, montre un vase d'où s'échappent des tiges de papyrus. Louis Cartier, aux commandes de l'enseigne de la rue de la Paix à Paris, est un jeune homme animé par la curiosité, à l'affût de toute nouvelle source d'inspiration. Collectionneur, il se passionne pour les antiquités de l'Orient. Il court à toutes jambes les magasins spécialisés dans l'art du bassin méditerranéen, Kalebdjian Frères et Dikran Kelekian[10]. L'esthète rend visite à ces marchands avec d'autant plus d'assiduité qu'ils sont ses voisins : l'un est établi rue de la Paix, l'autre, place Vendôme. Auprès d'eux, il acquiert, entre autres trésors, des fragments égyptiens qui, parfois, rejoignent le stock de la société. Des « apprêts », comme on les appelle dans la maison. C'est l'originalité de Cartier : le joaillier introduit des éléments antiques dans ses créations contemporaines. Ainsi, une tête d'Horus, représentée par un faucon, en faïence turquoise, compose une broche sertie de diamants, de corail et d'onyx ;

Cartier Paris, pendentif égyptien, platine, diamants, onyx, cordon de soie noire, 1913.
Collection Cartier.

Cartier Paris, broche Horus, faïence bleue égyptienne, platine, or, diamants, cabochon d'émeraude, corail, onyx, émail noir et rouge, 1925.
Collection Cartier.

Cartier, broche scarabée, transformable en boucle de ceinture, faïence égyptienne, quartz fumé, brillants, émeraudes, platine, or laqué de noir.
Collection Cartier.

à l'origine, ce motif terminait les colliers qui accompagnaient les défunts dans l'au-delà. Une statuette d'Isis en faïence est montée en épingle à chapeau. Une amulette figurant la déesse Sekhmet à tête de lionne devient une broche dont le fond en lapis-lazuli est constellé de diamants. Ces antiquités agrémentent, également, des nécessaires de beauté. Rappelons-le, c'est l'accessoire indispensable à la coquette des années 1920. Durant la Prem ère Guerre mondiale, les hommes étant partis au front, les femmes se sont émancipées. Révolution ! Entre autres libertés, elles se sont octroyé le droit de se farder, usage qui, un siècle plus tôt, était réservé aux demi-mondaines, comédiennes et autres créatures faisant commerce de leur beauté… Afin de retoucher leur maquillage dans les soirées, les élégantes promènent des étuis raffinés, qui contiennent poudre, rouge à lèvres, miroir. Cartier excelle dans ce genre d'objets. Certains d'entre eux se font égyptisants. Telle boîte se voit incrustée d'une plaque en calcique située vers 500 av. J.-C. gravée d'une formule magique invoquant la protection d'Horus. Telle autre, plus spectaculaire encore, qui fait à la fois porte-cigarettes et nécessaire de beauté, prend l'allure d'un sarcophage ! À chaque extrémité du bibelot, un visage taillé dans une émeraude et auréolé d'une coiffe en saphirs calibrés évoque le masque funéraire de Toutankhamon. Autre particularité de Louis Cartier : bibliophile, il incitait ses dessinateurs à explorer les ouvrages de référence abondamment illustrés. Ces derniers s'immergeaient dans *La Description de l'Égypte* et ses quelque huit cent quarante et une planches gravées, fruit de l'expédition de Bonaparte, ou dans la *Grammaire de l'ornement*, d'Owen Jones. Remarquaient-ils un détail susceptible d'être interprété en joaillerie ? Aussitôt ils en croquaient l'esquisse dans un « cahier d'idées ». Quelle mine ! Dans l'architecture des pyramides ou des obélisques, Charles Jacqueau, le plus célèbre et le plus brillant des collaborateurs de la société, trouva des lignes géométriques qu'il exploita avec bonheur et qui, bientôt, définiront le style Art déco. Consécration de cet attachement à l'art égyptien, la maison Cartier se vit décerner par le vénéré roi Fouad Ier un brevet de fournisseur de la cour d'Égypte[11]. Le même Fouad Ier commanda à Boucheron en 1928 une couronne en or et émail cloisonné ornée d'un épervier aux ailes déployées, réplique d'une parure antique.

Cartier, nécessaire sarcophage égyptien, or jaune, or rose, platine, os gravé, diamants, émeraudes, saphirs, onyx, émail safran, bleu, vert, blanc et noir, 1925. Collection Cartier.

Cartier Paris, nécessaire égyptien, or, platine, plaques de calcite égyptiennes, diamants, émeraudes, corail, lapis-lazuli, émail noir et turquoise, 1927. Collection Cartier.

Page de droite
Lacloche Frères, pendants d'oreilles, diamants, émeraudes, rubis, onyx et platine, vers 1925. Collection privée.

Lacloche Frères, bracelet, diamants, émeraudes, rubis, onyx et platine, vers 1925. Tokyo, collection Albion Art.

Lacloche Frères, bracelet, diamants, émeraudes, rubis, onyx et platine, vers 1925. Collection privée.

Si Boucheron réalisa quelques bracelets incrustés de symboles égyptiens, dans l'entre-deux-guerres le joaillier fut moins attiré par le thème que d'autres de ses concurrents : Lacloche Frères, lequel régna rue de la Paix de 1901 à 1931, ou Van Cleef & Arpels. Dans leurs vitrines surgirent des sautoirs, des pendants d'oreilles, des broches, des bracelets rubans, pavés de diamants, mettant en scène des pharaons alanguis, des scribes accroupis, le chien Anubis, des musiciens, joueurs de luth et de harpe, le tout accompagné de hiéroglyphes. Certes, l'iconographie est des plus fantaisistes. Champollion en perdrait son latin. Les compositions n'ont aucune prétention historique. C'est l'exotisme que recherchent les dessinateurs. En revanche, la réalisation est irréprochable, le sertissage des pierres, exemplaire. Pour donner du relief aux sujets, les artisans emploient des rubis, saphirs, émeraudes en cabochon et suiffés[12]. Le summum du savoir-faire joaillier. En juin 1922, une chroniqueuse de *Femina*, visitant un dancing du quartier de la Madeleine à Paris, remarque chez les élégantes « beaucoup de robes blanches et d'amusants détails : d'immenses boucles d'oreilles égyptiennes [...] ». Ces curiosités étaient bel et bien portées.

Van Cleef & Arpels, sautoir, diamants, émeraudes, rubis, onyx, platine et or, 1924. Christie's Images Limited.

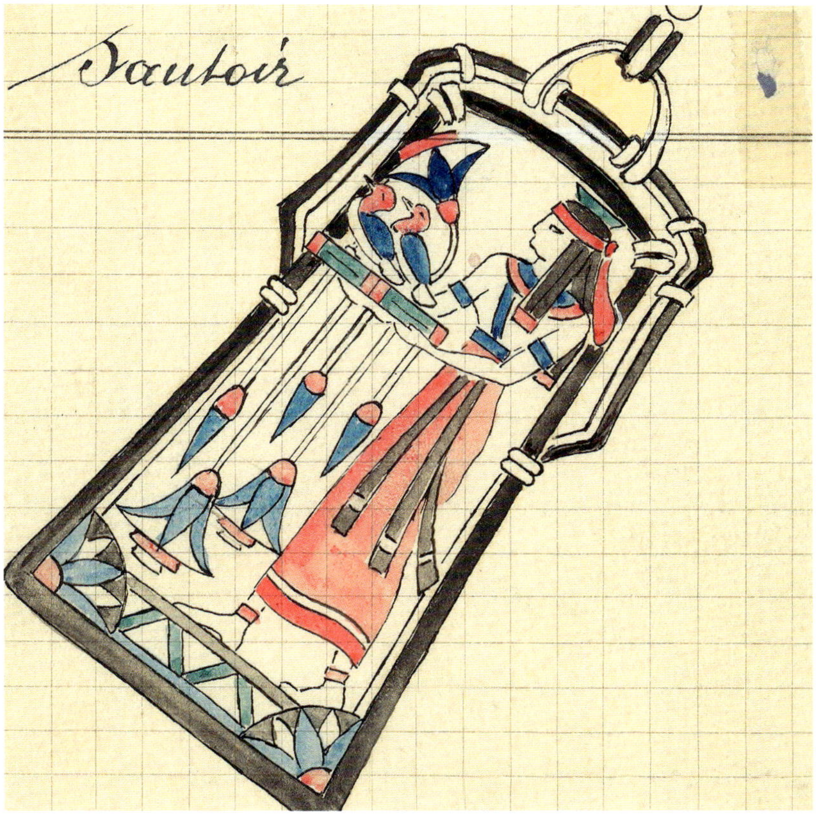

Fiche de stock d'un sautoir d'inspiration égyptienne, 1924.
Collection Van Cleef & Arpels.

Broche d'inspiration égyptienne, platine, saphirs, émeraudes, rubis, onyx, diamants, 1924.
Collection Van Cleef & Arpels.

Dessin figurant un sac lotus, vers 1925.
Collection Van Cleef & Arpels.

Comment demeurer éternellement jeune ? Kijja, « mystérieux baume de beauté égyptien », promet ce petit miracle. Tout au long des années 1920, des encarts publicitaires paraissent dans les magazines féminins pour vanter ce produit capable d'effacer les pattes d'oie, les bajoues, les rides, les muscles flasques. Plutôt un mirage qu'un miracle. L'Égypte, qui, deux mille ans avant notre ère, concoctait déjà des onguents, des essences parfumées, des fards, ne pouvait qu'inspirer l'univers des produits de beauté. Troisième volet de ce chapitre voué à la coquetterie. Les parfumeurs qui avant l'affaire Toutankhamon se référaient à cette civilisation antique avaient du nez. Parmi lesquels la maison Monne, qui lance Toute l'Égypte dès 1917, ou Lubin qui, en 1921, investit dans un nouvel emballage pour présenter Enigma, un flacon pyramidal, décoré d'un sphinx (encore !) gravé et doré, accompagné d'un coffret habillé de papyrus. Ce regain d'intérêt est-il lié à la découverte du buste de Néfertiti ? C'est en 1912 qu'une équipe d'archéologues allemands menée par Ludwig Borchardt révèle la sculpture de l'épouse royale d'Akhenaton. Le sol tremble, le monde est subjugué par la perfection des traits de la souveraine et la noblesse de son port[13]. Une autre reine, cependant, est sollicitée par les marques de cosmétiques : Cléopâtre. La brune fatale, qui séduisit César et fit tourner la tête d'Antoine, est largement mise à contribution. Son effigie sert à vendre du talc, du henné, du shampooing, des savonnettes. L'attrait pour la patrie d'Isis se répand à travers tout l'Occident. Dubarry qui, comme son nom ne l'indique pas, est britannique, sort Blue Lagoon dans un flacon en verre patiné sur lequel se dresse une princesse égyptienne moulée dans un drapé. Erasmic, qui intitule La Reine d'Égypte (en français) sa gamme de poudres de riz, lotions et crèmes bienfaisantes, est également basé à Londres. La Ducale, dont les boîtes à poudre Egizia s'ornent d'une figure féminine coiffée de l'éternel némès pharaonique, est une société italienne. Dralle crée un parfum Sphinx à Hambourg. L'égyptomanie bat son plein en Amérique. Les actrices de Hollywood adoptent une coiffure, frange et coupe au carré, inspirée des perruques que revêtent hommes et femmes du côté des pyramides. La société Colgate montre les dents et se jette sur le marché. Son parfum Egypt attire le chaland grâce à son écrin illustrant un portrait à l'antique. Edouardo à New York propose Nuit divine – tout un programme –, dont le ravissant contenant en cristal est gravé de tiges et fleurs de papyrus à patine bleue.

« Inspirations égyptiennes », illustration parue dans *Art-goût-beauté*, mai 1923.

Page de droite
George Barbier, « Egypt », illustration publiée dans *The Romance of Perfume* de Richard Le Gallienne, New York, 1928.

Egypt

Lubin, Enigma. Si la fragrance est commercialisée dès 1898, le flacon en forme de pyramide imaginé par Julien Viard apparaît en 1921.

Page de gauche
Dubarry, Blue Lagoon, flacon de Julien Viard, verreries Dépinoix, 1919. Collection Jean Lefèvre.

Edouardo, Nuit divine, flacon fabriqué par les cristalleries de Baccarat, vers 1927.
Collection Jean Lefèvre.

Dralle, marque établie à Hambourg, lance Sphinx vers 1923.
Collection Jean Lefèvre.

L.T. Piver, La Vallée des rois, flacon et boîte à poudre fabriqués par les cristalleries de Baccarat, vers 1923.
Collection Jean Lefèvre.

Page de gauche
La danseuse américaine Ruth Saint Denis en Égyptienne, 1917.

Durant l'entre-deux-guerres, l'industrie de la parfumerie française s'avère plus que prospère. Quantité de marques voient le jour au point qu'en 1945 on dénombre quatre cent quarante-huit parfumeurs ! Pour se distinguer, ceux-ci ne se contentent plus de jolies étiquettes. Ils rivalisent dans le luxe de leurs présentations. Les flaconnages se font figuratifs, suivent les tendances de la mode et des arts décoratifs. C'est à celui qui proposera l'emballage le plus spirituel, le plus pittoresque. Pour cela, ils font appel à des verriers d'art. À commencer par le génial René Lalique. Ce pionnier conçoit, dès 1909, le graphisme de Scarabée pour L.T. Piver, l'une des plus anciennes enseignes parisiennes. Le président de la marque, Jacques Rouché, féru de théâtre et d'opéra, a assisté, ébloui, à la première de *Cléopâtre*, donnée par les Ballets russes[14]. Ceci explique cela. Les récipients sont façonnés dans des cristalleries ô combien réputées. C'est Baccarat qui produit la Vallée des rois de L.T. Piver, dont la bouteille et la boîte à poudre assortie sont agrémentées d'un ibis, animal sacré, sur fond or. Les Cristalleries de Saint-Louis livrent un chef-d'œuvre du genre : une flasque haute, formée d'un obélisque, entièrement gravée de hiéroglyphes, reproduction évidente du monument de Louxor érigé place de la Concorde. Elle contient Ramsès II, un jus commercialisé par Bichara. Syrien d'origine, ce parfumeur chante l'Orient et compte ses billets. Le nom de ses fragrances, Chypre, Myrhaba, Narguilé, prête aux fantasmes. Les flasques qui les accueillent se distinguent par leur bouchon sculpté d'une tête de pharaon. Le personnage en question représenterait le propriétaire de la maison, Bichara Malhamé… Mégalomanie ? N'est pas modeste non plus le parfumeur qui, sans vergogne, prit le nom de Ramsès. Léon de Bertalot, associé à deux – riches – commerçants, Orosdi-Back, ouvrit, après la Première Guerre mondiale, un magasin fastueux rue Royale à Paris, où paradaient, en devanture, cinq gigantesques statues pharaoniques[15]. Au registre égyptien, on lui doit des flaconnages mythiques. Citons le Secret du sphinx, qui a la forme d'un vase canope[16] couvert de hiéroglyphes, ou bien encore Ambre de Nubie, qui reprend la silhouette de Sekhmet, la déesse guerrière, reconnaissable à sa tête de lionne, surmontée d'un disque solaire. Admirable création que ce flacon imaginé par le sculpteur Julien Viard. N'empêche, la société Ramsès fit faillite en 1929. Sa disparition aurait-elle à voir avec la malédiction des pharaons ?

Ramsès, Ambre de Nubie,
1919-1920.
Collection Jean Lefèvre.

Ambre de Nubie, de Ramsès.
Publicité parue dans *L'Illustration*,
15 novembre 1919.

Boîte à poudre proposée par
La Ducale, parfumeur italien.
Collection Jean Lefèvre.

Page de droite
Bichara, Ramsès II, flacon à parfum
et son coffret, compagnie des
Cristalleries de Saint-Louis, 1928.
Illustration parue dans *Egyptomania*,
catalogue de l'exposition du musée
du Louvre, Paris RMN, 1994.

BICHARA
PARIS

Poudre de riz de Ramsès, parfumée au Secret du Sphinx. Réclame parue notamment dans *L'Illustration*, janvier 1920.

Publicité L.T. Piver, *L'Illustration*, 1925.

Page de droite
La vogue égyptienne en couverture du magazine *Women's Weekly*, 19 mai 1923.

NOTES
1. Christopher Frayling cite cet article paru le 9 mars 1923 au chapitre « Égyptomanie » de *L'Art déco dans le monde 1910-1939*, La Renaissance du livre, 2003. **2.** Bakst en confie le souhait à la revue *Comœdia illustré*, dans le numéro du 20 février 1913. **3.** *Vogue*, janvier 1921. **4.** *Vogue*, avril 1923. **5.** *Vogue*, septembre 1923. **6.** Dean L. Merceron, *Lanvin*, Éditions de La Martinière, 2007. **7.** Numéro de novembre. **8.** Ces exemples cocasses sont évoqués dans *Les Années folles 1919-1929*, catalogue d'exposition, musée Galliera, Paris musées, 2007. **9.** La période qui correspond à la XXVIe dynastie se situe entre 663 et 525 av. J.-C. **10.** Judy Rudoe, *Cartier*, Paris, Somogy éditions d'art, 1997. **11.** Laure Dalon et Laurent Salomé, *Cartier, le style et l'histoire*, catalogue d'exposition, Paris, RMN, 2013. **12.** Si la surface de la pierre est polie et arrondie, la culasse est facettée de manière à faire passer la lumière. **13.** Découvert à Tell el-Amarna en Haute Égypte, le buste est exposé aujourd'hui au Neues Museum de Berlin. **14.** Voir l'étude remarquable de Christie Mayer Lefkowith, *L'Art de René Lalique, flacons et boîtes à poudre*, Éditions Styissimo, 2010. **15.** Christie Mayer Lefkowith, *L'Art du parfum*, CELIV, 1994. **16.** Ce type de récipient de forme ventrue était destiné à recevoir les viscères embaumés du défunt.

Woman's Weekly

May 19, 1923 — 10 Cts. a Copy

In This Issue: **An Analysis of Feminism**

UN ZESTE D'ÉGYPTE DANS LE MOBILIER ART DÉCO

Emmanuel Bréon

Marc du Plantier, détail de la chaise longue, dite « Égyptienne », en fer doré, vers 1936.

Page de gauche
Marc du Plantier, miroir de table d'inspiration égyptienne, piètement en fer patiné cuivre doré, vers 1939. Galerie Anne-Sophie Duval, Paris.

Le style égyptien n'a jamais quitté le faubourg Saint-Antoine, surnommé « le faubourg du meuble ». Depuis 1798 et la campagne de Bonaparte à l'ombre des pyramides, en passant par l'obélisque de Louxor rapporté par Louis-Philippe et les découvertes d'Auguste Mariette sous le second Empire, l'Égypte fait sans cesse son « retour » et inspire les artisans ébénistes. En 1927, la maison Widmer[1] propose encore, dans un esprit très XIXe siècle, tout un salon en acajou de Cuba à riche décor néoégyptien : fauteuils et chaises à piètement de pattes de lion, secrétaire avec abattant à décor de fleurs de lotus dont les deux portes basses évoquent une offrande à la reine Cléopâtre ; le linteau de ce dernier à décor de faucon aux ailes déployées rappelant celui du dessus de la cheminée. Le marqueteur n'a pas oublié non plus les grands meubles d'appui, les horloges et tables d'appoint à motifs de chasses sur le Nil ou de chars de guerre. Pour l'ensemble des meubliers du faubourg, les modèles décoratifs n'avaient plus de secrets depuis qu'ils avaient été décrits et publiés anciennement, de manière très précise et somptueuse, par l'architecte décorateur et chromolithographe Owen Jones, ou plus récemment par le maître de l'Art nouveau Eugène Grasset[2]. Le seul problème est que les Égyptiens de l'Antiquité n'avaient pas autant de meubles ni d'ailleurs d'horloges dans leurs demeures. L'ouverture de nouvelles sépultures va permettre de préciser les choses et de remettre les pendules à l'heure historique. Finis les clichés et les interprétations de voyageurs vantards, le temps est venu d'une observation exacte et apaisée, issue de déplacements désormais plus faciles.

Le mobilier égyptien, celui qui est peint et observé sur les murs des mastabas, ou celui que l'on découvre si bien conservé dans ces tombeaux nouvellement ouverts, est simple et raffiné. Il va enthousiasmer les nouveaux créateurs qui admirent son élégance et sa praticité. L'équipement funéraire d'Hétep-Hérès, épouse de Snéfrou, découvert en 1925, comprenait, par exemple, un ensemble de meubles de voyage, légers et faciles à démonter : oreiller de bois et appui-tête transformable, chaise pliante, lit plat sur piètement à griffes mais juste canné de paille. Après les débordements du style Belle Époque et les volutes de l'Art nouveau, les ensembliers de l'Art déco vont puiser aux sources de cette simplicité, d'une géométrie et d'une symétrie retrouvées. Ils découvrent avec stupéfaction que les Égyptiens de l'Antiquité maîtrisaient les techniques comme le tournage et le cintrage, qui consistent à travailler le bois à l'aide d'outils de coupe et à utiliser un procédé mécanique susceptible de déformer les matériaux à leur convenance. À partir de bois importés, érable ou chêne, sont nés ainsi armoires et coffres de rangement, banquettes et lits à nattes de roseau et de joncs tressés, appuis-tête, repose-pieds et tabourets. Tout cela constitue un vocabulaire formel et sans emphase, très inspirant cependant, auquel viendra s'ajouter, après la découverte du tombeau de Toutankhamon, un inventaire des matières

Maison Widmer, secrétaire et petite table faisant partie d'un ensemble en acajou de Cuba à décor de marqueterie, 1927. Aguttes.

Page de droite
Owen Jones, *Grammaire de l'ornement illustrée d'exemples pris de divers styles d'ornement*, Londres, Day and Son Limited, 1865. Collection Jean-Marcel Humbert.

2
3
4
5
6
7
8
9
10
11
12
13
14
15
16
17
18

Paul Auscher, miroir de la table de toilette et tabouret, bouleau, merisier et citronnier de Ceylan, 1911.
Paris, musée d'Orsay.

«Ancient Egyptian furniture», *The Building News*, novembre 1875.

Chaise en ébène et ivoire sculptés, ayant appartenu au scribe égyptien Reniseneb, vers 1450 av. J.-C. New York, The Metropolitan Museum of Art.

Chaise d'apparat, pieds en forme de pattes de lion, vers 1400-1300 av. J.-C. Paris, musée du Louvre.

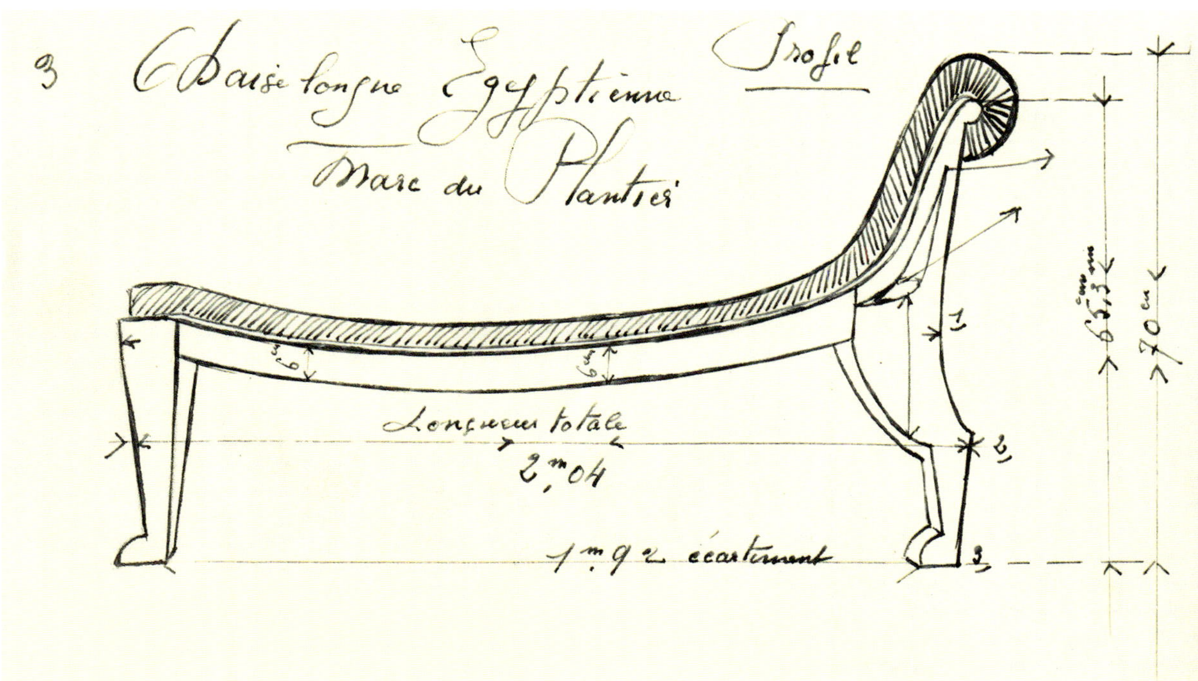

Marc du Plantier, siège de coiffeuse pour Anne du Plantier.
Collection particulière.

Chaise longue Égyptienne, relevé exécuté par Anne du Plantier, d'après une chaise de Marc du Plantier exposée en 1939, encre sur papier.

précieuses employées par l'Égypte pharaonique – or, bronze, ivoire, lapis-lazuli, écaille de tortue ou peau de crocodile – et des symboles et motifs récurrents de l'ornementation – fleurs de lotus et papyrus, palmettes, ailes de vautour ou de faucon. Les meubles royaux étaient en effet plus élaborés, qui faisaient appel aux incrustations, aux placages et à la marqueterie. Les créateurs du Salon des artistes décorateurs (SAD) comme Jacques-Émile Ruhlmann et Jules Leleu vont préférer la formule «enrichie» tandis que ceux de l'Union des artistes modernes (UAM) comme Pierre Chareau iront vers «l'épure» venue d'Égypte.

Jules Leleu, tabouret curule en placage de loupe d'amboine, 1923. Ancienne collection Yves Saint Laurent et Pierre Bergé. Christie's Paris.

Pierre Legrain, tabouret curule gainé de galuchat, 1923. Ancienne collection Jacques Doucet. Richmond, Virginia Museum of Fine Arts. Don de Sydney et Frances Lewis.

Page de droite
Marc du Plantier, table à écrire, piètement en fer poli cuivré et doré, plateau gainé de parchemin ; tabouret en fer poli cuivré et doré gainé de satin.

Mobilier de l'Ancien Empire égyptien (environ 2700 à 2200 av. J.-C.). Bas-relief de la tombe du prêtre Wahtye (ou Ouahty) le représentant à table avec son épouse Ouret-Ptah. Ils vécurent sous le règne du roi Néferirkarê Kakaï, troisième souverain de la Ve dynastie (tombe découverte à Sakkarah en 2018).

Page de gauche
Jacques-Émile Ruhlmann, siège de coiffeuse, bois doré, vers 1915.

Numéro exceptionnel de *Comœdia illustré* consacré à la pièce de théâtre *La Rue de la Paix*, dont Iribe réalisa les costumes et les décors égyptiens pour la Maison Paquin, n° 9, 4e année, 1912.

Parmi les premiers « envoûtés » figurent des hommes de l'Art nouveau. Carlo Bugatti imagine depuis déjà longtemps des meubles à influences multiples comme son bonheur-du-jour de 1902 ou ses chaises Cobra de la même année[3]. Ces créations semblent avoir été réalisées pour un péplum fantaisiste tourné à Hollywood dans les studios de Cecil B. DeMille. Paul Auscher, quant à lui, architecte du fantasque magasin Félix Potin de la rue de Rennes à Paris, se range à la simplicité égyptienne. Il réalise tout un mobilier pour son domicile dont une chambre d'enfant pour sa fille. L'ensemble, conçu en 1911, est de bois clair, bouleau, merisier et citronnier de Ceylan. Pour la coiffeuse, le lit, le tabouret, les corbeilles, le décor est peint à la main et de manière fantaisiste, presque naïve : en blanc, tête d'une reine d'Égypte pour le revers du triple miroir de la coiffeuse ; blanc également pour la frise de baigneuses – façon décor de mastaba – du montant du lit d'enfant ; rinceaux noirs et motifs géométriques pour les chaises et tabourets[4].

En 1912, le couturier Jacques Doucet, lassé de son intérieur époustouflant du XVIIIe siècle, vend tout pour se faire aménager quelques années plus tard un studio moderniste dans sa résidence de Neuilly-sur-Seine. Il va alors s'adresser, conseillé par Paul Iribe, à de jeunes designers dont l'Irlandaise Eileen Gray, repérée au Salon des artistes décorateurs. Probablement en 1913, elle lui livre la table Lotus, puis, l'année suivante, la table au Char. Il s'agit de deux meubles laqués d'une grande fantaisie, suggérant non sans un certain humour l'Antiquité. Par la suite, collectionneur invétéré, Jacques Doucet commandera un canapé « pharaonique » à Marcel Coard pour accompagner et souligner, dans une belle mise en scène, *La Charmeuse de serpent* du Douanier Rousseau. Pierre Legrain, après le départ de Paul Iribe pour Hollywood en 1914, devient le décorateur de Doucet. Homme des belles matières, parchemin ou galuchat, il lui fournit notamment de splendides reliures en peau de serpent ainsi que des tabourets curules inspirés, tout à la fois, de l'Égypte

Eileen Gray, fauteuil Sirène,
laqué noir et ivoire, vers 1912 ;
table Lotus pour Jacques Doucet,
vers 1913.

Armand-Albert Rateau, chaise longue, bronze fondu et patiné vert antique, vers 1925.
Cet exemplaire provient de l'hôtel particulier de Jeanne Lanvin à Paris.
Paris, musée des Arts décoratifs.

Page de gauche
Carlo Bugatti, chaises Cobra en bois gainé de parchemin peint polychrome, application de cuivre repoussé, 1902.

Double page suivante
**Carl Hörvik, meuble d'appui et deux fauteuils exposés dans le pavillon suédois à l'Exposition des arts décoratifs et industriels modernes, Paris, 1925.
Stockholm, Nationalmuseum.**

antique et de l'Afrique noire. Le tabouret d'ébène, de citronnier, d'ivoire, devient l'un des marqueurs d'une égyptomanie Art déco.

En 1925, à l'Exposition internationale des arts décoratifs et industriels modernes, de nombreux pavillons, comme ceux des grands magasins, ont des allures de temples égyptiens. Le pape de l'Art déco, Jacques-Émile Ruhlmann, y est présent dans une sorte de grand mastaba construit par Pierre Patout. Il s'agit de l'Hôtel du collectionneur, qui sera le plus visité des pavillons. On y trouve foison de meubles d'apparat ou intimes, du cabinet à fard en loupe d'amboine au secrétaire dos d'âne, en macassar et jonc d'ivoire. Cléopâtre n'aurait pas renié les chaises du boudoir à dossier court ou celles à piètement de cornes d'antilope. En 1933, Ruhlmann produira un très élégant secrétaire à abattant peau de crocodile losangé d'ivoire, dit L'Égyptien. Son concurrent direct, Jules Leleu, relèvera le défi avec son secrétaire à abattant écaille de tortue et obélisque de verre. La participation de la Suède à la manifestation de 1925 est un immense succès. Le pays gagne trente-six médailles pour ses objets exposés et se hisse en deuxième position, juste derrière la France. Le pavillon suédois est un temple délicat conçu par l'architecte Carl Gustaf Bergsten. Son compatriote Carl Hörvik y présente un ensemble de meubles très remarqué par la presse de l'époque. C'est une citation très directe des récentes fouilles entreprises en Égypte : fauteuils curules et bahuts de chêne incrustés de palissandre, frêne de Hongrie et bouleau. Ces derniers, décorés à l'intérieur à la feuille d'or, deviennent très spectaculaires une fois ouverts. Parmi les artistes précieux et épris d'Antiquité, Armand-Albert Rateau est sans doute à mettre à part. Plus volontiers pompéien, bien qu'auteur d'une petite commode à piètement lotiforme de 1920, il peut être retenu cependant comme « égyptien » pour ses savoureuses interprétations d'animaux. Ses chats, ses oiseaux, les piètements de ses créations pour Jeanne Lanvin auraient certainement été appréciés par le peintre anonyme des *Oies* du prince Néfermaât.

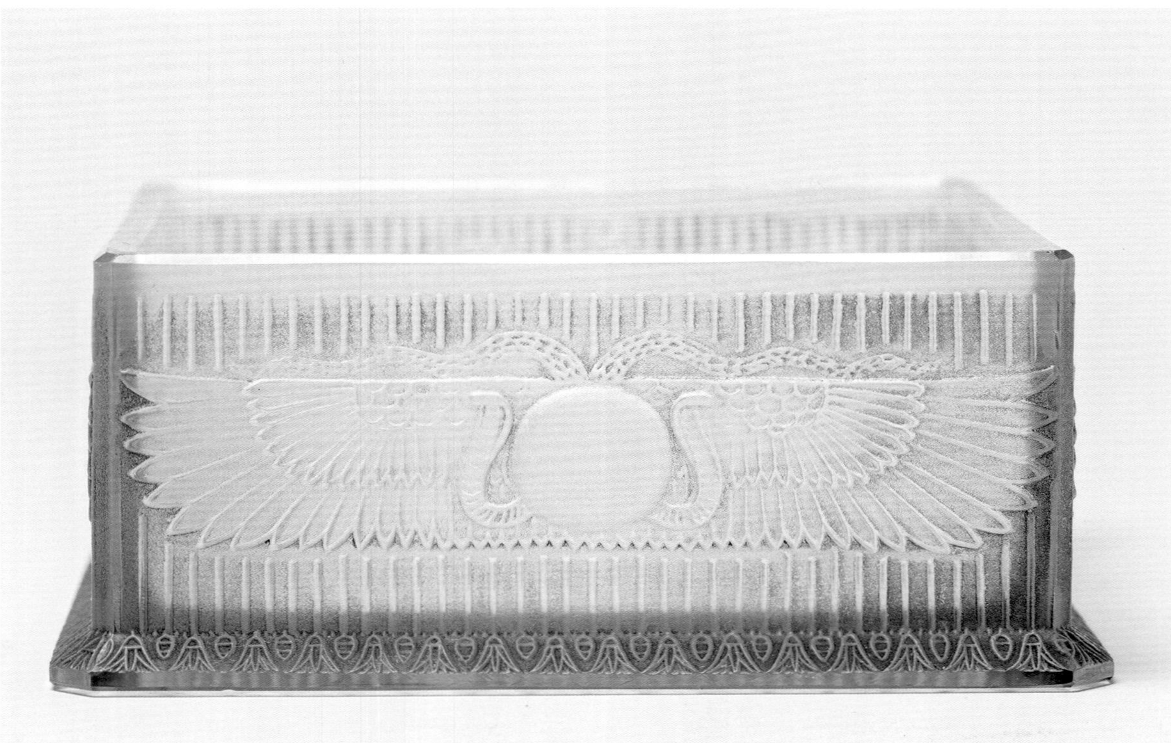

René Lalique, carafe Lotus, épreuve en verre blanc soufflé-moulé, bouchon moulé-pressé en partie émaillé noir, 1924. Collection Jean-Marcel Humbert.

René Lalique, boîte à poudre ou à cigarettes « Khédive » (ouverte), verre pressé-moulé dépoli, 1926. Collection Jean-Marcel Humbert.

Page de droite
Émile Gallé, vase d'inspiration égyptienne à décor de lotus, vers 1926.

Encrier en argent créé par Edward H. Stockwell à Londres pour la maison Thomas Jones, 29 boulevard des Capucines à Paris, vers 1905. Collection Antoine Broccardo.

Page de droite
Cartier, pendule Égyptienne, 1927, or, vermeil, placage de nacre gravé de hiéroglyphes, anneaux de corail gravé et bâtons de corail, divinité égyptienne en prime d'émeraude, cornaline et émail, lapis-lazuli (socle et sommet), émail polychrome et émail blanc, ancienne collection Florence Blumenthal. Collection Cartier.

Du côté de l'épure et sans surcharges, souvent d'un seul matériau, se présentent les chaises si convaincantes, à pattes de lion, de Marc du Plantier ; elles disent l'Égypte avec discrétion. Même modestie pour les fauteuils et tables de chêne ainsi que les luminaires à base d'obélisque de Jean-Michel Frank. Pour en revenir aux tabourets, le plus dépouillé d'entre eux est exécuté par Pierre Chareau : une très simple assise de bois fixée sur un piètement constitué d'une large lame d'acier recourbée à l'équerre.

Pour animer le mobilier, la période Art déco a su multiplier les objets décoratifs. Les faïences et les porcelaines – le craquelé blanc est très en vogue – vont occuper les commodes, tables basses et cheminées. Les lignes de décoration des grands magasins Primavera, Pomone, La Maîtrise ou Studium s'adressent aux petites manufactures pour éditer des formes dessinées parfois par des sculpteurs importants de l'époque : Les frères jumeaux Martel, Marcel Renard, André Fau, Marcel Guillard ou Max Blondat. Des ateliers de Sainte-Radegonde, Villeroy & Boch, Robj surgissent alors brûle-parfums, statuettes, dessus de cheminée représentant Cléopâtre, le pharaon Akhenaton ou le Sphinx de Gizeh.

Dans le domaine du verre, René Lalique et Émile Gallé puis leurs successeurs sont également inspirés par la mode égyptienne. En verre blanc soufflé-moulé, Lalique réalise une carafe dite Lotus dont le col forme une corolle de pétales et son bouchon émaillé, le pistil. Le service avec ses coupes est édité en 1922. Gendre d'Émile Gallé, l'archéologue Paul Perdrizet devient le directeur des célèbres établissements en 1914. Après plusieurs voyages en Égypte, il orientera le travail de ses dessinateurs, dont Auguste Herbst, directeur artistique, vers les formes et les décors inspirés de l'Antiquité. C'est ainsi que naîtront coupe lotus de 1925, vase ovoïde à décor de lotus et appliques de scarabées en relief, vase papyriforme et coupe lotus, en 1926.

Il ne manquait plus que la garniture de cheminée pour faire un tour complet du propriétaire. Si au bord du Nil l'ambiance feu de bois est rare, on ne l'oublie jamais au nord de la Méditerranée. Les Années folles vont plébisciter la pendule à sujet égyptien en bronze, régule ou faïence. C'est un véritable raz de marée de plus ou moins bonnes pièces qu'il serait vain de circonvenir. Des maisons très sérieuses ont cependant abordé le sujet avec brio. Grand collectionneur d'antiquités, le bijoutier Louis Cartier en imagine une pour l'année 1927. Sa pendule Art déco reprend la forme du portique d'un temple de Karnak : sur un socle en lapis-lazuli, couverte de nacre gravée de hiéroglyphes et de fleurs de lotus, soulignée de corail, elle mêle exactitude archéologique et fantaisie décorative avec une rare élégance. Deux ans plus tard, le roi Fouad décerne à la Maison Cartier un brevet officiel de fournisseur de la cour d'Égypte.

NOTES

1. *Cf.* catalogue de vente Aguttes, Lyon, 15 octobre 2015, n° 187. **2.** Owen Jones, *La Grammaire de l'ornement*, Londres, 1856 ; Eugène Grasset, *Méthode de composition ornementale*, Librairie des Beaux-Arts, 1905. **3.** Carlo Bugatti (1856-1940) ; Paul Auscher (1866-1932) ; Eileen Gray (1878-1976) ; Marcel Coard (1889-1974) ; Pierre Legrain (1889-1929) ; Paul Iribe (1883-1935) ; Jacques-Émile Ruhlmann (1879-1933) ; Jules Leleu (1883-1961) ; Carl Hörvik (1882-1954) ; Armand-Albert Rateau (1882-1938) ; Pierre Chareau (1883-1950) ; Marc du Plantier (1901-1975) ; Jean-Michel Frank (1895-1941). **4.** Mobilier de la donation Rispal, collection du musée d'Orsay, Paris.

CARTIER
FRANCE

DU PÉPLUM PICTURAL À L'ÉGYPTE SUBLIMÉE

Jean-Marcel Humbert

Georges Sabbagh, *Le Grand Sphinx de Gizeh (autoportrait)*, huile sur toile, 1920. Collection privée.

Page de gauche
Newell Convers Wyeth, *The Boy, Moses…*, huile sur toile, 1928. Collection privée. Christie's Images/Bridgeman Images.

L'Égypte antique occupe, depuis des siècles, une place toute particulière dans la peinture occidentale[1]. Cela à travers surtout trois figures quasi omniprésentes : Moïse sauvé des eaux, la vie de Cléopâtre, et la fuite en Égypte. La peinture d'histoire devient même, dans la seconde moitié du XIXe siècle, un véritable spectacle qui continue de faire courir les foules à côté des panoramas, ces rotondes où d'immenses toiles sont présentées d'une ville à l'autre. Les spectacles scéniques avaient fait également depuis longtemps du péplum à l'égyptienne un de leurs thèmes de prédilection, repris à son tour par le cinéma. Mais, après la guerre de 1914-1918, la mode a changé, le style a évolué, bref, on ne trouve plus dans ce domaine que quelques survivances plus ou moins vaguement nimbées de pharaonisme.

Tandis que les reconstitutions historiques cinématographiques puisent au souvenir de la peinture d'histoire déclinante[2], quelques artistes comme Georges Antoine Rochegrosse continuent cependant sur la même lancée. Ce peintre, dont on ne soulignera jamais assez le rôle important en France dans le domaine égyptisant, et qui continue de travailler parallèlement comme illustrateur de livres, n'en propose pas moins quelques toiles un peu passéistes, ou des femmes dénudées et nonchalantes tuent leur ennui dans des ambiances nimbées de jeux de lumière à travers des tentures.

D'autres s'attachent à reconstituer des scènes intimes du passé, comme Stefan Bakałowicz, dont les intérieurs clairs-obscurs sont peuplés de femmes alanguies et de scribes désœuvrés. Ce peintre russe polonais mal connu jusqu'à aujourd'hui, malgré les recherches non encore publiées d'Irina Bogoslovskaya, et les récentes études de Valentin Boyer[3], a été nourri de voyages en Afrique du Nord et en Égypte (1903), ainsi que de la lumière de Rome, où il s'était établi. Il avait commencé dès 1905, avec sa *Prière à Khonsou*[4], une approche de l'esprit Art déco avant la lettre : lignes épurées, absence de détails, aplats de couleur, opposition des jeux d'ombres et de lumières de ce lever de pleine lune au coucher du soleil. À part un tapis moderne, rien ne vient détourner le regard de ce moment de calme et de recueillement. Mais Bakałowicz n'ira pas beaucoup plus loin dans cette direction, encore que la construction originale de son *Hommage à Isis*[5] (1928), où le spectateur se trouve lui-même à la place de l'idole vénérée, sans être autrement novatrice, fasse penser aux revues de music-hall des Années folles. De même, on aurait pu attendre de Fortunino Matania des scènes égyptiennes réinterprétées dans le genre de ses plages des années 1920, mais il en est resté à des illustrations, essentiellement publicitaires, avec notamment une Néfertiti sur son char et le chantier de construction d'un temple.

L'approche la plus originale de la période Art déco – et, de fait, sans imitateurs et sans suite – est celle de Bart van der Leck. Après un voyage à Paris en 1912, où il découvre au Louvre l'art égyptien, il commence à créer une série de scènes de la vie quotidienne, où il utilise les caractéristiques des figurations égyptiennes, en faisant un large usage de couleurs primaires. Les corps apparaissent donc avec la tête de profil et les épaules

Stefan Bakałowicz, *Prière à Khonsou*,
huile sur toile, 1905.
Saint-Pétersbourg, Musée russe.

de face. Ce sont *L'Accident*, *La Tempête*, *Le Train*, *Chargement d'un cargo*, *Footballers*, *Chasseur*, *Chat*… Certains de ces tableaux sont aujourd'hui exposés au musée Kröller-Müller à Otterlo, où le couple des fondateurs l'avait reçu en 1914 et avait décidé de le mécéner. Hélène Kröller-Müller aimait à dire de lui qu'il était un personnage caractéristique sachant traduire les émotions de son temps.

Le problème majeur de la période Art déco dans sa relation entre l'Égypte et les peintres est la quasi-absence d'inspiration liée à ce domaine. Bart van der Leck avait contourné la question en adaptant l'art égyptien à sa propre époque et à son environnement direct. Les autres artistes, souvent plus tournés vers le non-figuratif, ne trouvent pas directement le biais susceptible d'introduire l'Égypte dans leur propre discours. Bien sûr, on rencontre quelques images suggestives chez quelques peintres américains de pin-up, comme Rolf Armstrong, Henry Clive ou les frères Leyendecker. Mais nous sommes plus là dans le domaine de l'illustration, et seul peut-être George Owen Wynne Apperley arrive à intégrer dans une scène de danse un mélange convaincant d'Égypte et d'Art déco. De son côté, le peintre italien Camillo Innocenti propose sous le titre *Un momento storico* sa propre vision de la rencontre d'Antoine et de Cléopâtre. Celle-ci ressemblerait à beaucoup d'autres tableaux antérieurs de ce type, n'était la coiffure à la garçonne de la reine d'Égypte, très cinématographique…

Il est néanmoins un thème qui trouve quelque grâce tant auprès des cinéastes, des illustrateurs et des publicitaires que de quelques peintres, c'est celui de l'exploitation d'esclaves au profit de constructions pharaoniques. C'est déjà ce qu'avait évoqué Edward Poynter en 1867 dans son tableau *Israel in Egypt*, qui servit notamment à Cecil B. DeMille pour la seconde version de ses *Dix Commandements*.

Bart van der Leck, *La Tempête*, huile sur toile, 1916, et *Le Chat*, caséine sur carton amianté, 1914. Otterlo, musée Kröller-Müller.

Soixante ans après, Newel Convers Wyeth reprend un peu la même idée. Illustrateur longtemps spécialisé dans la vie des Indiens, il pratiquait aussi la peinture, tout en insistant particulièrement sur la spécificité des deux disciplines[6]. Son tableau *The Boy, Moses…* (1928)[7] aborde en l'occurrence un thème classique, à la fois égyptien et biblique, en montrant le jeune Moïse assistant à la maltraitance des esclaves. Et s'il n'intervient pas, il saura s'en souvenir. Le cadrage et la manière de présenter la scène sont originaux, les couleurs sont là essentiellement pour attirer le regard vers tel ou tel élément, et l'ensemble mêle le côté dramatique de la scène, sous un amoncellement de nuages menaçants, à une galerie supérieure où tout est, au contraire, calme et hors du temps.

Du côté égyptien, la peinture Art déco est également bien connue puisque Paris était l'une des destinations les plus prisées pour la formation des jeunes artistes. Ainsi, Muḥammad Nāǧī, lorsqu'il peint *Les Larmes d'Isis*, une œuvre monumentale réalisée en 1937 pour le pavillon de l'Égypte à l'Exposition internationale des arts et des techniques appliqués à la vie moderne de Paris, reprend à son compte un mythe fondateur qui a acquis une véritable universalité. Mais il le fait en mêlant la civilisation antique et celle qui lui est contemporaine, aussi bien dans les représentations que dans le style employés. Un autre peintre égyptien, Georges Sabbagh, s'est de son côté peu intéressé à l'antiquité égyptienne mais a quand même peint le Sphinx de Gizeh (1920), qu'il traite d'une manière très personnelle, fort éloignée par exemple de celle que met en œuvre John Singer Sargent lorsqu'il réalise *The Sphinx and the Chimaera* au plafond de la rotonde du musée des Beaux-Arts de Boston (1921).

Force est donc de constater que chez les peintres la vision même de l'Égypte se simplifie. Débarrassée du souci du détail archéologique, elle atteint une plus grande lisibilité, car, quoiqu'ils s'en défendent, beaucoup d'artistes utilisent certaines des règles graphiques venues de l'illustration, privilégiant l'évocation plutôt que les principes figuratifs traditionnels. Ainsi la pyramide, par ses formes strictes et immédiatement reconnaissables, reste l'une des icônes majeures de cette civilisation. Avant d'en arriver à peindre des genres de hiéroglyphes bien personnels, Paul Klee s'était intéressé, entre 1924 et 1929, à la forme de la pyramide, qu'elle soit terrestre ou « nautique ». L'origine de son inspiration est bien égyptienne[8], sublimée par des rapprochements de couleurs et d'ombres qui expriment la puissance du soleil dans ce pays baigné d'une incomparable lumière.

Alors que l'Art déco montre dans d'autres domaines, et notamment l'iconographie, l'art graphique et le design, ses capacités à atteindre une parfaite symbiose avec l'art égyptien ancien, la peinture peine donc à trouver des sujets qui arrivent à se démarquer de l'emprise de la peinture péplum de la fin du XIXe siècle et du début du XXe et qui auraient pu permettre d'en raviver l'intérêt.

Camillo Innocenti, *Un momento storico* (*Antonio e Cleopatra*), huile sur toile, 1905. Ce tableau, attribué par des dictionnaires au musée Galleria Moderna di Roma, n'est connu que grâce à une reproduction parue en 1906 dans le magazine *Ars et Labor*. Malgré sa date précoce, la composition utilise des principes à la fois Art déco et cinématographiques particulièrement sensibles dans la représentation des personnages.

Page de gauche
George Apperley, *A Dancer of Ancient Egypt*, huile sur toile, 1916.
Collection privée. Christie's Images Limited.

Paul Klee, *Wasserpÿramiden*, aquarelle et encre, complétée en bas par de la gouache, y compris des rayures marginales avec de l'aquarelle et de l'encre, bordée de gouache et d'encre, sur carton, 1924. Collection privée.

Page de gauche
John Singer Sargent, *The Sphinx and the Chimaera*, huile sur toile marouflée à la voûte de la coupole de la rotonde du musée des Beaux-Arts de Boston, 1921. Boston Museum of Fine Arts.

NOTES

1. Jean-Marcel Humbert, *L'Égyptomanie dans l'art occidental*, Paris, 1989 ; Herman De Meulenaere, *L'Égypte ancienne dans la peinture du XIXe siècle*, Knokke-Heist, 1992 ; Jean-Marcel Humbert, Michael Pantazzi et Christiane Ziegler, *Egyptomania*, catalogue de l'exposition (musée du Louvre, musée des Beaux-Arts du Canada, Ottawa, et Kunsthistor sches Museum, Vienne, éditions en français, anglais et allemand, Paris, 1994 ; Dimitri Casali, Caroline Caron Lanfranc de Panthou, *L'Égypte antique par les peintres*, Paris, 2011 ; Stephanie Moser, *Painting Antiquity*, New York, 2020. **2.** *Cf.* Jean-Marcel Humbert, « Le péplum égyptisant, de la peinture au cinéma », dans Sabine Haupt, Cathie Spieser et Michel Viegnes, actes du colloque « Ton rêve est une Égypte. L'imaginaire de l'Égypte pharaonique dans la littérature et les arts », université de Fribourg, 5-7 mars 2020, Würsburg, 2021, p. 15-33 ; et le catalogue de l'exposition *Enfin le cinéma !*, Paris, musées d'Orsay et de l'Orangerie / RMN, 2021. **3.** Valentin Boyer, « Entre rêverie et authenticité, une immersion dans l'Égypte ancienne avec le peintre Stefan Bakałowicz », dans *Studies in Ancient Art and Civilization*, vol. 24, 2020, p. 277-298, https://doi.org/10.12797/SAAC.24.2020.24.13. L'article a été rédigé sur la base du mémoire de recherche non publié, *Die ägyptisierenden Gemälde des russisch-polnischen Malers Stefan Bakałowicz (1857-1947). Zwischen Ägyptomanie und Ägyptophilie: Inspirationen, Einflüsse sowie künstlerische und ästhetische Ansätze eines Malers des Spätakademismus*, MA dissertation, University of Heidelberg, Heidelberg, 2019. **4.** Musée russe de Saint-Pétersbourg (n° 3251). **5.** Vente publique Arles (Hôtel des ventes, étude Holz, 15 juin 1986, n° 123) ; *cf.* aussi *La Gazette de l'hôtel Drouot*, n° 23, 6 juin 1986, p. 82 (n° 984, huile sur toile, 50 × 72 cm). **6.** Adam Gopnik, « "Pictures Great", His Publisher Told Him, review of N. C. Wyeth by David Michaelis », *New York Times*, 15 novembre 1998 (compte rendu du livre de David Michaelis, *N. C. Wyeth*, New York, 2003). **7.** Dernière vente : Christie's, New York, 18 novembre 2021, Live auction 19998 (American Art). **8.** *Paul Klee, Die Reise nach Ägypten, 1928/29*, Dresde, 2014.

EGYPTIANA
PAROLES
de MAISONDIEU et ALFREDY
MUSIQUE
de VINCENT PUGET
A. K. WAGNER
PIANO
ET
CHANT
3F.50
ÉDITIONS OLIVIER & Cie 19 Faubourg St Martin . PARIS
TOUS DROITS RÉSERVÉS

QUELQUES VARIATIONS SUR L'ÉGYPTE

Les couvertures de partitions d'entre-deux-guerres

Eugène Warmenbol

Withers, *My Cairo Maid*, musique de G. Foster et Chris Schonberg, paroles de Bud de Sylva, 1917. Collection Jean-Marcel Humbert.

Page de gauche
Henri Konrad Wagner, *Egyptiana*, musique de Vincent Puget, paroles de Fernand Maisondieu et Alfredy, vers 1925. Zincogravure pour l'ensemble des couvertures. Collection de l'auteur.

La musique de l'Égypte pharaonique n'a pas laissé d'écho, parce qu'aucune partition ne nous est parvenue, pour autant qu'il en ait existé. En revanche, des musiciens et des musiciennes sont représentés, et quelques instruments ont été retrouvés. Le célèbre groupe de musiciennes de la tombe thébaine de Nakht (TT 52), datant du Nouvel Empire[1], regroupe une harpiste, une luthiste et une flûtiste, auxquelles s'ajoute une jeune femme jouant de la lyre dans celle de Djeserkaraseneb (TT 38), de même époque et voisine[2].

Nous n'avons que rarement rencontré une partition, qu'elle soit d'entre-deux-guerres ou d'une autre époque, qui remette en scène ces jeunes filles-là, ou d'autres, alors que la tombe de Nakht, « découverte » en 1889, et publiée en 1917, était bien connue et très visitée. Une harpiste figure cependant sur la couverture, signée Wagner, d'*Egyptiana* (vers 1925 ?), pour piano et chant. On y célèbre « le pays charmeur où les amants ont l'ivresse éternelle / Toujours vainqueurs où les cœurs ont des ailes[3] ». Le texte ne vole pas très haut, certes, mais l'image est de qualité !

Le rôle principal sur les couvertures semble bien tenu par une femme, et il s'agit sans doute de Cléopâtre, sous différents avatars. Comme souvent, l'égyptomanie se réfère préférentiellement à l'égyptomanie, et non à l'égyptologie, avec pour cas flagrant la couverture de *My Cairo Maid* (1917), qui reprend la *Cléopâtre essayant des poisons sur des condamnés à mort* du tableau d'Alexandre Cabanel (1887)[4]. La chanson n'y réfère pas, on s'en doute : « *I know a maid in Cairo, in dreamy Cairo, beside the Nile*[5] » (paroles de Bud de Sylva). La même source est utilisée pour la couverture de *Lady of the Nile* (1925). À nouveau, aucune référence à Cléopâtre dans le texte : « *Lady of the Nile, Do you recall, / How you stole my heart, / With just a glance*[6] » (paroles de Gus Kahn). L'artiste, un A. D. Brown dont nous ne savons rien, donne un air pudique au modèle de Cabanel. Bon, c'est un Américain…

La *Bride of the Nile* de la couverture de *My Sweet Egyptian Rose*, comme elle porte un *uræus* sur le front, doit sans doute être une autre incarnation de la célèbre reine. La chanson, à nouveau, n'en fait pas mention (paroles d'Edgar Allan Woolf[7]).

Une Cléopâtre « banalisée » se cache derrière toute danseuse, toute femme se déhanchant. Épinglons, parmi ces dernières, la très belle couverture d'*Isis* (1922), une… « valse sud-américaine ». Allez savoir ! Accompagnée de l'inévitable félin, elle porte l'*uræus* au front et tient une statuette d'Hathor à tête de vache. *Isis* est signé « M. Labbe 1921 ». Il s'agit probablement de Marcel Labbé (1875-1956), mentionné comme éditeur, mais non, à notre connaissance, comme illustrateur.

L'édition musicale des années 1920 et 1930 n'a évidemment pas échappé à la tutmania, qui sévit dans la mode occidentale à partir de la découverte de la tombe de Toutankhamon le 4 novembre 1922, et, surtout, de l'ouverture de la chambre sépulcrale le 18 février 1923, en présence d'Élisabeth, reine des Belges[8].

Une des couvertures les plus originales, autrichienne, malheureusement non signée, est sans doute celle du *Tutankhamen Shimmy* (1923). Pour information : le *shimmy* « comporte notamment pour particularité un mouvement alternatif avant-arrière des épaules, les coudes légèrement pliés, le tronc le plus immobile possible ». Très égyptien, ou égyptisant. La scène confronte le pharaon, au geste « shimmiesques », et une belle, jupe largement fendue, immobile quant à elle. Ils sont accompagnés l'un d'un chat, l'autre d'un chien, tandis que le champ est saupoudré de faux hiéroglyphes évoquant le monde de la danse et de la musique[9]. Fritz Löhner-Beda (1883-1942), qui a corédigé le *libretto* de *Das Land des Lächelns* de Franz Lehar, signe les paroles[10].

Quant aux paroles d'*Old King Tut* (1923), qui lui donnent un âge que le souverain n'a jamais atteint, elles jouent non sans humour sur la découverte de la tombe et les richesses qu'elle contenait. Et revoilà Cléopâtre : « *In old King Tut-Tut-Tut-enkhamen's day, / Beneath the tropic skies King Tut-Tut-Tut was very wise, / Now old King Tut-Tut-Tut was always gay, /*

A. D. Brown, *Lady of the Nile*, musique de Isham Jones, paroles de Gus Kahn, 1925.

***Tutankhamen Shimmy*, musique de Jara Benes, paroles de Fritz Löhner-Beda, 1923.**

***Old King Tut*, musique de Harry von Tilzer, paroles de William Jerome, 1923. Collection Jean-Marcel Humbert.**

Page de droite
Marcel Labbé, *Isis*, valse sud-américaine, 1921. Collection de l'auteur.

ISIS
VALSE SUD AMÉRICAINE DE
RAMON COLL
PRIX NET : FR 3,50
M. Labbe
1921
ÉDITIONS L. MAILLOCHON
31, PLACE DE LA MADELEINE — PARIS (8e)
Copyright by L. MAILLOCHON, MCMXXII
Seuls Agents pour la France, la Belgique et leurs Colonies de
HERMAN DAREWSKI MUSIC PUBLISHING Co
(ST-SWITHINS SYNDICATE LTD) — LONDON
Tous droits d'exécution, de reproduction et d'arrangements réservés pour tous pays
Imprimé à Bruxelles

VERS L'ATLANTIDE
INTERMEZZO CARACTERISTIQUE PAR TEDDY MOON
OFFICE MUSICAL
49A RUE DU PONT-NEUF
BRUXELLES
TOUS DROITS D'EXECUTION, DE REPRODUCTION ET D'ARRANGEMENTS RÉSERVÉS POUR TOUS PAYS.
COPYRIGHT BY WOLFF MCMXXIV
PRIX NET FRS 4,00

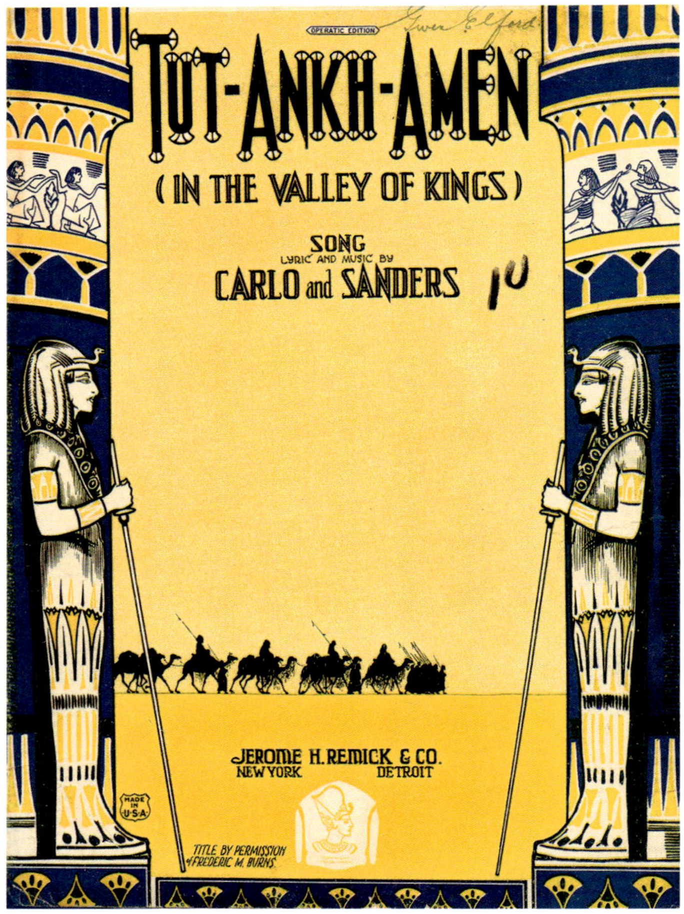
OPERATIC EDITION
TUT-ANKH-AMEN
(IN THE VALLEY OF KINGS)
SONG
LYRIC AND MUSIC BY
CARLO and SANDERS
JEROME H. REMICK & CO.
NEW YORK
DETROIT
MADE IN U.S.A.
TITLE BY PERMISSION
FREDERIC M. BURNS

Un succès de Fox-trot oriental dansé et mimé par Mitty et Tillio dans la grande Revue du Casino de Paris présentée par Léon Volterra
MIRAGE
à Madame A. Willard
Prix Net 4f
Paroles de A. WILLEMETZ & JACQUES-CHARLES
Musique de CH. BOREL-CLERC
Propriété de CH. BOREL-CLERC
18, Passage de l'Industrie, Paris
Copyright 1923 by CH. BOREL-CLERC

FOX-TROT Chanté
ALEXANDRIE
par: Mary Risgalla Slee
VILLE D'ALEXANDRIE
Joseph Buyst Éditeur
12 Place Bara 12 Bruxelles
A.K.

Cleopatra she sat upon his knee, Pat! that's where she sat[11]. » Le parolier s'appelle William Jerome (1865-1932)[12]. L'illustrateur, illustre inconnu, n'hésite pas à mettre un cigare dans la bouche du roi émergeant derrière une pyramide[13].

Old King Tut was a Wise Old Nut (encore 1923)[14] donne une variante sur le thème : « *Within a room next to his tomb he gamboled for a lark, / Invited all the ladies there because the tomb was dark. / Old King Tut was a wise old nut, there's not the slightest doubt*[15] » (paroles de Roger Lewis[16]).

Esthétiquement plus intéressante, et pleinement Art déco, est la couverture de *Tut-Ankh-Amen (in the Valley of Kings)*, réalisée par un artiste inconnu (toujours en 1923)[17]. On notera en particulier l'ombre de la caravane passant à l'horizon, un *topos* que nous retrouverons plus loin, qui doit par ailleurs nous rappeler qu'égyptomanie et orientalisme vont souvent de pair. « *My caravan travels on / When in the East breaks the dawn. / Over his head* [celle de Toutankhamon] / *Camels now tread*[18] » (paroles de Hans Carlo [1883-1967] et Alma Sanders [1882-1956][19]).

Caravanes… Pour l'affiche de *La Caravane du Caire*, une exposition que nous avons organisée à Liège en 2006[20], nous avions paraphrasé une des plus belles couvertures de partition de l'époque qui nous intéresse, celle de Peter De Greef pour *Vers l'Atlantide* (1924), un « intermezzo caractéristique » par Teddy Moon. Il s'agit là du pseudonyme du Bruxellois Hippolyte Ackermans (1886-1965)[21], également auteur d'une immortelle (!) *Marche des poilus* (1919). Peter De Greef (1901-1985)[22] était un ami proche de René Magritte, lui aussi illustrateur de partitions[23]. Le lecteur l'aura compris, nous retrouvons ici la caravane en ombres… chinoises sur fond de soleil levant : « les promesses torrides du sable chaud et de l'égyptomanie[24] ». Pour que l'on s'y retrouve, un disque ailé bien pharaonique, timbré d'une croix ankh, figure en exergue.

Le goût pour les grandes plages orangées nous semble par ailleurs une constante dans la production Art déco. Un (autre) bel exemple en est la couverture du fox-trot oriental *Mirage* (1923), signée par Jean Le Seyeux (1894-1957), qui fit aussi des décors de théâtre, principalement pour les Folies Bergère[25]. Un palmier, un orant, une femme voilée et, pourquoi pas, des pyramides : tout est là pour évoquer l'Égypte « éternelle ».

Éternelle ? Nous terminerons par le fox-trot chanté *Alexandrie !*, avec une belle couverture, bien typée Art déco, signée A. K. (vers 1925 ?). La musique est de Mary Risgalla, une « locale », les paroles de L. de Lagarenne : « Elle est l'écrin et l'amalgame, / D'un tas de jeun's et jolies femmes, / De modernes beautés ». « Voile sur les filles, barques sur le Nil / Je suis dans ta vie, je suis dans tes bras / Alexandra, Alexandrie », chantait Claude François (1977). L'égyptomanie est éternelle…

Peter De Greef, *Vers l'Atlantide*, musique de Teddy Moon, 1924. Collection de l'auteur.

***Tut-Ankh-Amen (in the Valley of Kings)*, paroles et musique de Hans Carlo et Alma Sanders, 1923. Collection de l'auteur.**

Jean Le Seyeux, *Mirage*, musique de Charles Borel-Clerc, paroles d'Alfred Willemetz et Jacques-Charles, 1923. Collection de l'auteur.

A. K., *Alexandrie !*, musique de Mary Risgalla, paroles de L. de Lagarenne, vers 1925. Collection de l'auteur.

NOTES

1. Code TT : pour « tombe thébaine ». **2.** Hans Hickmann, *Musicologie pharaonique. Études sur l'évolution de l'art musical dans l'Égypte ancienne*, Strasbourg, 1956 ; Christiane Ziegler, *Music, in Egypt's Golden Age: The Art of Living in the New Kingdom, 1558-1085 B.C.*, Boston, 1982, p. 255-262. **3.** Musique de Vincent Puget, paroles de Fernand Maisondieu et […] Alfredy. **4.** Christiane Ziegler, « *Cléopâtre essayant des poisons sur des condamnés à mort* », dans Jean-Marcel Humbert, Michael Pantazzi & Christiane Ziegler (dir.), *Egyptomania. L'Égypte dans l'art occidental, 1730-1930*, Paris, 1994, p. 578-579. **5.** https://arabkitsch.com/song-directory-2/662/my-cairo-maid./ Le site arabkitsch.com (« Exploring Middle Eastern Stereotypes in American Music ») est pur délice… **6.** https://arabkitsch.com/song-directory-2/589/lady-of-the-nile/ **7.** https://arabkitsch.com/song-directory-2/710/my-sweet-egyptian-rose/ **8.** Dernièrement : Simon Connor & Dimitri Laboury (éd.), *Toutankhamon. À la recherche du pharaon oublié*, Liège (*Aegyptiaca Leodiensia* 12), 2019. **9.** Eugène Warmenbol, « La tombe, la momie et l'égyptomanie », dans Diane Hennebert (éd.), *Égyptomanies depuis le XIXe siècle. Édouard et Cléopâtre*, Bruxelles, 2012, p. 87. Jean-Marcel Humbert, « King Tut ou la Tut-mania pour tous », dans Simon Connor & Dimitri Laboury, *Toutankhamon. À la recherche du pharaon oublié*, *op. cit.*, note 9, fig. 24. **10.** https://fr.wikipecia.org/wiki/Fritz_Löhner-Beda **11.** https://arabkitsch.com/song-directory-2/733/old-king-tut/ **12.** https://en.wikipedia.org/wiki/William_Jerome **13.** Jean-Marcel Humbert, « King Tut ou la Tut-mania pour tous », *op. cit.*, fig. 22. **14.** *Ibidem*, fig. 21. **15.** https://arabkitsch.com/song-directory-2/735/old-king-tut-was-a-wise-old-nut/ **16.** Voir le texte de Sophia Deboick, « The screwball sounds of 1923 » : https://www.theneweuropean.co.uk/brexit-news-year-in-music-1923-charleston-roaring-twenties-42074/ **17.** Jean-Marcel Humbert, « King Tut ou la Tut-mania pour tous », *op. cit.*, fig. 23. **18.** https://arabkitsch.com/song-directory-2/1215/tut-ankh-amen/ **19.** https://en.wikipedia.org/wiki/Monte_Carlo_(composer); https://en.wikipedia.org/wiki/Alma_Sanders **20.** E. Warmenbol (dir.), *La Caravane du Caire. L'Égypte sur d'autres rives*, Louvain-la-Neuve, 2006. **21.** https://rateyourmusic.com/artist/hippolyte-ackermans/credits/ **22.** Christian Van den Broeck, *Who is Peter De Greef?*, Bruxelles, 2012. **23.** Paul Raspé, *Autour de Magritte. Illustrateurs de partitions musicales en Belgique, 1910-1960*, Anvers, 2004. **24.** Dominique Legrand, « Tango ou valse de l'amant discret », *Le Soir*, mercredi 24 novembre 2004, p. 42. **25.** https://www2.biusante.parisdescartes.fr/cm/?for=fic&cleaut=186.

Maurice
LALA

ÉGYPTOMANIE LITTÉRAIRE ET ART DÉCO

La rencontre

Daniel Lançon

J. H. Rosny ainé, *Tabubu. Roman égyptien* (1893, édition de 1932), Paris, Jules Meynial. Reliure de Marcellin Semet, dorures de Georges Plumelle.
Page de gauche, illustration de Maurice Lalau pour cette édition.
Binoche et Giquello.

Entre 1929 et 1933, quelques années après la découverte des trésors de la tombe de Toutankhamon et la fameuse exposition Art déco de Paris, cinq livres relèvent de cette double actualité : trois récits antiques adaptés respectivement par Jean-Charles Mardrus[1], J. H. Rosny[2] et Marguerite Divin[3] ; l'édition nouvelle d'une fiction du XIXe siècle publiée par Théophile Gautier et devenue un phénomène bibliographique[4] ; enfin, une fiction contemporaine publiée par Félicien Champsaur[5]. Plusieurs dessinateurs, graveurs, typographes et relieurs, parfois formés dans les mêmes ateliers parisiens, contribuent grandement à la beauté de ces ouvrages : les très reconnus George Barbier et François-Louis Schmied, mais également Maurice Lalau, Manon Lessel et Fabius Lorenzi.

La singularité de certains de ces livres est double : ils se présentent en feuilles libres sous des chemises, des couvertures, parfois de somptueuses reliures ; ils sont le fruit d'une édition artisanale de luxe à tirage très limité[6] avec exemplaires de tête réservés aux amateurs et aux collectionneurs. Ils continuent parfois une tradition illustrative assez directement inspirée des objets, papyrus et peintures présents dans les musées pour des frontispices, des bandeaux en tête de chapitre, des figures en pleine page. L'influence de l'Art déco y est inégale, Manon Lessel s'en inspirant bien davantage par exemple que Fabius Lorenzi.

La thématique égyptisante est adaptée au luxe décoratif en vogue, même si certaines formes avaient déjà été réutilisées dans l'Art nouveau[7]. Des formes géométriques constitutives de l'ornementation antique sont en effet de plus en plus présentes à des fins décoratives dans les années 1920. Le répertoire floral ou animal y devient stylisé, voire géométrisé, l'artiste utilisant les lignes droites, les angles aigus, les arêtes vives, les motifs à chevrons, les symétries et autres formes de répétition. La signification des ornements ou symboles égyptiens s'y maintient au sein de formes allant même jusqu'à l'abstraction. L'atmosphère de luxe y est également recréée par l'emploi du brun, du bistre, de l'or, du palladium (métal argenté[8]) pour les couleurs de fond des illustrations et des reliures, voire dans la typographie. De nobles héroïnes et héros antiques (déesse, dieu, princesse, prince, mage), l'âme humaine en personne[9] y côtoient des personnages modernes au sein de fictions réactivant le mythe de la réincarnation (*Le Roman de la momie*, *La Pharaonne*). L'Égyptienne Tabubu est représentée en femme fatale – c'était l'un des leitmotivs de l'esthétique fin de siècle[10] –, les figures féminines adoptant toutes la silhouette élancée bien dans le style à la mode.

Deux livres peuvent être considérés comme des chefs-d'œuvre de l'Art déco : *Tabubu* et *Le Livre de la vérité de parole*. Tous les éléments concourent ici à une harmonie raffinée : les beaux papiers utilisés, l'ornementation des bandeaux et lettrines aussi symboliques que représentatifs, l'articulation texte/image réussissant à créer à la fois des effets d'immobilité hiératique et une dynamique de mouvements, l'usage d'éléments stylisés en rapport avec le contenu des récits littéraires, le surgissement d'espaces décoratifs résolument abstraits.

Édouard Chimot, eau-forte pour *Aphrodite, mœurs antiques*, de Pierre Louÿs, Éditions d'art de l'intermédiaire du bibliophile, Paris, 1929.

Page de droite
George Barbier, illustration gravée sur bois par Gasperini, pour *Le Roman de la momie*, de Théophile Gautier, A. & G. Mornay éditeurs, Paris, 1929.

GEORGE
BARBIER

Nous sommes ici en présence d'un art ornemental parfois bien éloigné des habituels livres à simple frontispice ou dans lesquels l'illustration est servilement imitative. Maurice Lalau et François-Louis Schmied furent de grands ornemanistes à l'égal de ceux des siècles précédents. Leurs livres ont la dignité d'une architecture que renforcent, parfois *a posteriori*, de remarquables reliures. Le décor architecturé leur donne un aspect de sévérité noble.

Il en est ainsi de la maquette du *Livre de la vérité de parole*, réalisée par François-Louis Schmied, exposée à la Galerie Jacques Petit (Paris) en décembre 1926 et janvier 1927, au sein des livres de bibliophilie de l'atelier de l'artiste, événement très commenté dans la presse[11].

Aux côtés de l'affiche Art déco et plus étonnement de l'architecture, la prouesse fut, pour l'art du livre illustré à sujet égyptien, d'avoir trouvé comment associer par les formes et les couleurs l'inspiration antique et le modernisme géométrique, créant des effets de convergence inédite entre cultures du passé et du présent.

J. H. Rosny, *Tabubu*, couverture rehaussée d'or, jeu de formes pyramidales inversées.
Tabubu et ses servantes accueillent Setna par un geste rituel. Illustration de Maurice Lalau en camaïeu de brun, sable, beige, poudrée d'or, filets, aplats d'or et palladium. Paris, éditions Jules Meynial, 1932.

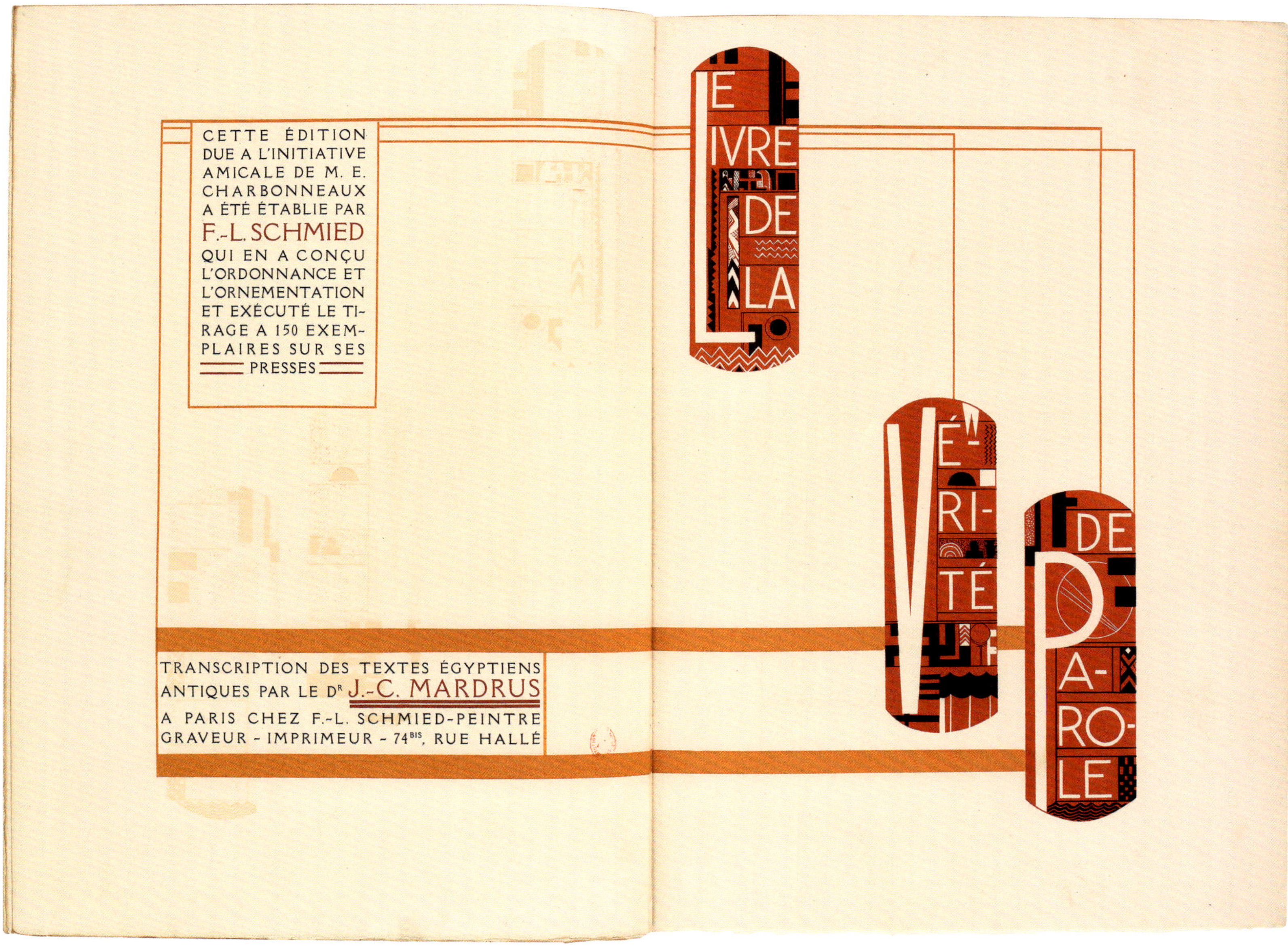

François-Louis Schmied, illustration pour *Le Livre de la vérité de parole. Transcription des textes égyptiens antiques par le Dr J.-C. Mardrus*, Paris, chez F.-L. Schmied, 1929. Titre en trois grands cartouches hiéroglyphiques, forme d'identification à un nom royal dans l'usage ancien.

NOTES

1. *Le Livre de la vérité de parole. Transcription des textes égyptiens antiques par le Dr J.-C. Mardrus*, illustré par F.-L. Schmied, Paris, chez F.-L. Schmied, 1929 ; 34 × 25 cm en moyenne ; avec 66 compositions en couleurs gravées sur bois, dont 12 à pleine page. Le texte est en réalité une réécriture interprétative du véritable *Livre des portes*, apparenté au *Livre des morts*. L'artiste (1873-1941) d'origine suisse était graveur sur bois, typographe, et relieur, imprimeur et éditeur. **2.** J. H. Rosny (pseudonyme de Joseph et Séraphin Boex), *Tabubu. Roman égyptien*, illustré par Maurice Lalau, Paris, Jules Meynial, 1932 ; 18,4 × 14,5 cm avec 71 compositions dont 1 en couverture et 10 à pleine page. Le texte est la réédition d'une fiction publiée pour la première fois en 1894, libre adaptation du *Roman de Setne*, mettant en scène un prince Setne qui rencontre Tabubu, femme d'une extrême beauté qui le séduit et le pousse à tuer ses propres enfants. L'artiste français (1881-1961) était peintre, graveur, affichiste et illustrateur. La typographe de *Tabubu*, Marthe Fequet, était influencée par François-Louis Schmied. **3.** Marguerite Divin (éd.), *Contes et légendes de l'Égypte ancienne*, Paris, Fernand Nathan, 1933. Illustrés par Manon Lessel (1909-1985), ils sont une réécriture pour la jeunesse de traductions réalisées par les égyptologues. **4.** *Le Roman de la momie*, illustré par George Barbier, Paris, Mornay, 1929, 325 p. ; 20,2 × 14,3 cm. 7 éditions illustrées de ce roman ont été publiées de 1889 à 1934. **5.** *La Pharaonne. Roman occulte*, illustré par Fabius Lorenzi, Paris, Ferenczy, 1929. Une Américaine découvre qu'elle est la réincarnation de l'épouse de « Tout-Ank-Amon », glorieux passé qui lui est révélé par le mage Ormus, lui-même esprit réincarné de ce pharaon. **6.** 110 exemplaires numérotés sur vélin pour *Tabubu*, 150 exemplaires sur vélin pour *Le Livre de la vérité de parole* ; certains sont enrichis de suites de gravures, en noir et en couleurs, tirées sur papier Japon. 1 021 exemplaires, certes, pour *Le Roman de la momie*, mais avec un tirage de tête sur divers beaux papiers et enrichis de suites de gravures. **7.** Voir *Tabubu* (1894), illustré par Marold et Mittis ; *Le Roman de la momie* (1920), illustré par Rochegrosse. **8.** Pour *Tabubu*, Roger Dévigne parle d'une « application de l'or et des métaux, en feuilles, à l'impression typographique » ; dans « La beauté typographique », *L'Art vivant*, n° 150, juillet 1931, p. 340. **9.** *Le Livre de la vérité de parole* expose le voyage initiatique d'une « momie vivante ». **10.** Voir Pierre Guédy, *L'Égyptienne : roman ramsinite de la XIXe dynastie* (1903), illustrée par Charles Atamian, avec Isinis en fille du pharaon, vierge divine, et Sidia en courtisane dominatrice. **11.** Voir « Réflexions d'un bibliophile », *Journal des débats*, 14 décembre 1926. Les compositions de couleurs complexes des planches hors-texte et les nombreux motifs décoratifs ayant exigé d'innombrables tirages, la publication n'intervient qu'en avril 1929.

AIDA

ARTS DE LA SCÈNE

Mathias Auclair

Ferdinand Boscher, couverture des programmes de la saison 1924-1925 du théâtre national de l'Opéra-Comique. Collection Jean-Marcel Humbert.

Page de gauche
Franz Rubesch, maquette d'un costume d'*Aïda*, dessin aquarellé, Vienne, vers 1930. Collection Jean-Marcel Humbert.

L'Égypte appartient à l'imaginaire du monde théâtral depuis le XVIIe siècle au moins[1], mais la campagne d'Égypte et, plus encore peut-être, la publication de la *Description de l'Égypte* conduisent, au XIXe siècle, à une démultiplication des spectacles se référant à l'Égypte antique[2]. Pour imaginer leur scénographie, décorateurs et dessinateurs de costumes se fondent sur les ouvrages illustrés de Champollion, Auguste Mariette et Émile Prisse d'Avennes, ainsi que sur les collections archéologiques des grands musées européens. Les spectacles égyptisants n'en restent alors pas moins l'une des nombreuses déclinaisons de l'exotisme scénique qui procure dépaysement et satisfaction des sens au public des théâtres[3]. En effet, au-delà de présenter des contrées éloignées, ils revêtent toujours une forte connotation érotique et sont le prétexte à des tenues moulantes et ajourées, aux limites de la décence permise. Dans les théâtres de répertoire, cet héritage du XIXe siècle reste très présent tout au long de la première moitié du XXe siècle : jusqu'en 1939, l'Opéra de Paris donne *Aïda* de Verdi presque tous les ans dans les décors et costumes de la première à Paris, en 1880 ; *Thaïs* de Massenet est représenté jusqu'en 1956 dans la scénographie de sa création. Dans une chronologie de la pénétration d'une esthétique moderniste rythmée par la première de *Cléopâtre* du chorégraphe Michel Fokine par les Ballets russes, en 1909, par l'émergence des grands péplums cinématographiques et par la découverte de la tombe de Toutankhamon en 1922, il convient donc toujours d'avoir en tête qu'au théâtre les créations du début du XXe siècle en lien esthétique avec l'Art nouveau et l'Art déco ne se substituent pas à celles du siècle passé mais s'y confrontent de manière régulière, comme les bâtiments de Guimard et des frères Perret se mesurent aux immeubles haussmanniens dans l'urbanisme parisien.

L'ÉGYPTE MYSTIQUE DES MODERNES

Au début du XXe siècle, la plupart des grands acteurs de la modernité chorégraphique se sont efforcés de trouver dans l'Antiquité les bases d'un langage nouveau. Les civilisations grecque et romaine polarisent leur démarche, mais l'Égypte n'est pas oubliée non plus et se pare, peut-être davantage que la Grèce ou l'Italie, d'une dimension sacrée : Isadora Duncan et Loïe Fuller se rendent l'une et l'autre sur les bords du Nil, respectivement en 1910 et 1914, et en rapportent souvenirs[4] et photographies qui témoignent de la dimension artistique et spirituelle de ces voyages. La danseuse Clotilde Sakharoff, elle aussi en quête des sources antiques de la danse, se fait représenter par son frère, Alexandre, sous les traits de la déesse Isis. Cependant, ni Fuller, ni Duncan, ni Sakharoff ne se produiront jamais sur scène en faisant référence explicitement à l'Égypte, à la différence de tant d'autres de leurs contemporains. Ainsi, la danseuse Sent M'Ahesa étudie l'égyptologie à Berlin avant de présenter une série de danses égyptiennes, en solo, à Munich, en 1909, dans des costumes très spectaculaires de son invention[5].

Alexandre Sakharoff, Clotilde Sakharoff en Isis, collage, 1923. Munich, Städtische Galerie im Lenbachhaus und Kunstbau.

Albert Weisgerber, Sent M'Ahesa, affiche lithographique, 1910. Hambourg, Museum für Kunst und Gewerbe.

Page de gauche
Isadora Duncan à Karnak, épreuve argentique, 1910. BnF, département des arts du spectacle.

Putnam & Valentine, Ted Shawn, Ruth Saint Denis et leur compagnie dans le *Ballet égyptien* de Ted Shawn, 1915.

Page de gauche
**Underwood & Underwood, Desiree Lubowska dans *Danse égyptienne* de Ted Shawn, épreuve argentique, vers 1915.
Washington, Library of Congress.**

À la même époque, mais outre-Atlantique, Ruth Saint Denis est elle aussi passionnée par la civilisation des pharaons. Plus qu'à l'archéologie, elle est sensible à l'exotisme de l'Égypte et au panthéon de ses dieux. Néanmoins, elle prend connaissance des travaux de l'égyptologue britannique E. A. Wallis Budge et visite les collections du British Museum avant de créer à New York, en 1910, un ballet intitulé *Egypta* dans le goût oriental et mystique qu'elle affectionne et qui mobilise une cinquantaine de danseurs imitant les postures représentées sur les monuments antiques d'Égypte[6]. L'œuvre est recyclée quelques années plus tard, en 1916, au sein du grand ballet historique et religieux que proposent Ruth Saint Denis et son mari, Ted Shawn, à Berkeley : *Dance Peageant of Egypt, Greece and India*[7]. Saint Denis et Shawn conçoivent encore une multitude de spectacles d'inspiration égyptienne, pour eux et pour les membres de leur compagnie – comme Desiree Lubowska[8] –, à destination de la scène ou du cinéma : en 1913, Shawn exécute la « danse du prêtre de Râ » dans le film *The Dances of Ages* de la Thomas Alva Edison Company, et en 1922, Martha Graham, formée à la Denishawn School, reprend *Dance égyptienne* de Shawn pour un film de Hugo Riesenfeld[9].

Léon Bakst, maquette de décor pour *Cléopâtre* de Michel Fokine, aquarelle, 1909.
Paris, musée des Arts décoratifs.

Page de droite
Tamara Karsavina, ballerine du théâtre impérial de Moscou, lors de la première saison russe à Paris, 1909.

L'ÉGYPTE EXOTIQUE ET SENSUELLE DES BALLETS RUSSES

À Saint-Pétersbourg, Michel Fokine est lui aussi passionné par l'Antiquité et réalise un ballet égyptien, *Nuits d'Égypte*[10]. Créé au théâtre Mariinsky, en 1908, cet ouvrage est repris l'année suivante, à Paris, par les Ballets russes, lors de leur première saison au théâtre du Châtelet. Il est alors intitulé *Cléopâtre*, et l'imprésario de la compagnie russe, Serge Diaghilev, demande que la dramaturgie, la musique et la scénographie soient profondément modifiées pour correspondre aux goûts du public parisien. Le décor de Léon Bakst représentant un temple sur les bords du Nil frappe par ses harmonies colorées inédites et lumineuses, mais c'est l'entrée de Cléopâtre qui fait vraiment sensation : extraite d'un sarcophage qui a été apporté sur scène en grande pompe et débarrassée des bandelettes qui l'emmaillotent, telle une momie, ainsi que des douze voiles multicolores qui l'enveloppent, la reine d'Égypte apparaît sous les traits de la danseuse Ida Rubinstein, « trop belle à la manière d'une essence orientale qui sent trop fort[11] ». Mettant en scène un jeune noble, Amon, qui échange sa vie contre une nuit d'amour avec Cléopâtre, le ballet de Fokine s'affirme plus par sa sensualité vénéneuse et son exotisme de pacotille que par ses références au monde antique et à ses vestiges archéologiques. Ainsi, le décor de Bakst combine les piliers osiriaques de l'intérieur du grand temple d'Abou Simbel, à l'avant-scène, et un portique à colonnes papyriformes à chapiteaux fermés qui rappellent celles de Karnak, au lointain.

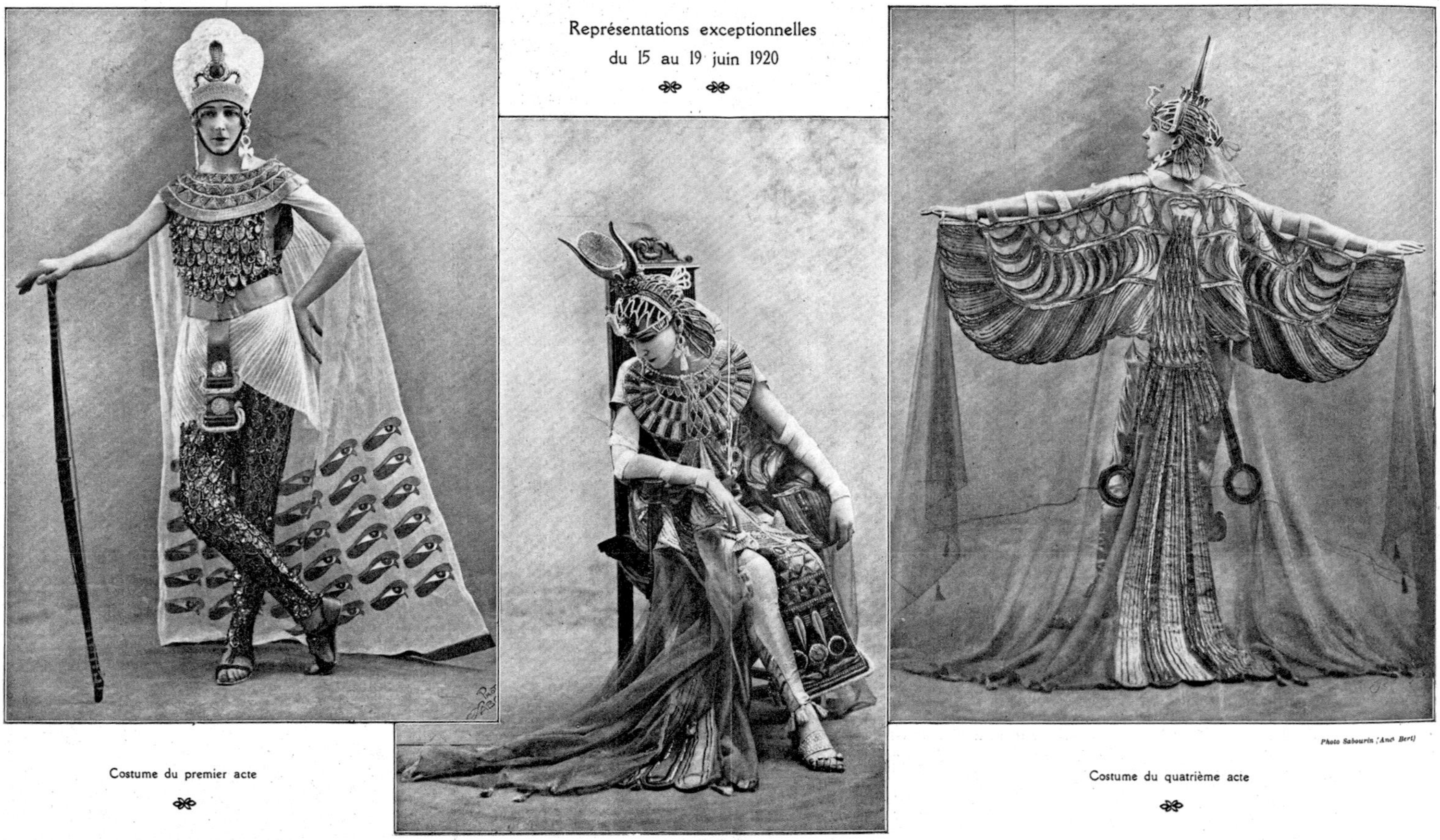

A L'OPÉRA — "ANTOINE & CLÉOPATRE"

Représentations exceptionnelles
du 15 au 19 juin 1920

Costume du premier acte

Costume du quatrième acte

Photo Sabourin (Anct Bert)

Quelques costumes de Mme IDA RUBINSTEIN (Cléopâtre)

Mais les costumes portés par Ida Rubinstein sont bien peu égyptiens : perruque XVIIIe (bleu et or, il est vrai), justaucorps à perles à la manière orientale… Le succès est immédiat et l'ouvrage exerce une immense influence tant dans le monde théâtral que dans les arts plastiques ou le cinéma : le costumier du long métrage de John Gordon Edwards, *Cleopatra* (1917), George James Hopkins, semble bien avoir été inspiré par les créations de Bakst. De nombreux spectacles, comme le tableau de « Cléopâtre et Antoine » de la féerie de Rip *Plus ça change* (théâtre Michel, 1915 ; reprise de 1918), sont aussi redevables à l'esthétique bakstienne de la *Cléopâtre* de Fokine, qui préfigure le spectacle exotique par excellence des Ballets russes, créé à Paris un an plus tard : *Shéhérazade*.

Détruit partiellement par un incendie, le matériel scénique de *Cléopâtre* doit être renouvelé pour la reprise du ballet à Londres, en 1918. Diaghilev charge Robert Delaunay du décor et son épouse, Sonia, des costumes de Cléopâtre et d'Amon. En panachant les créations du couple Delaunay et la plupart des anciens costumes de Bakst, le ballet a perdu son unité scénique, mais l'œuvre se maintient au répertoire de la compagnie russe jusqu'à sa dissolution, en 1929, et le costume de Cléopâtre imaginé par Sonia Delaunay, avec ses motifs stylisés et ses formes circulaires colorées typiques du cubisme orphique, constitue l'une des plus spectaculaires réalisations Art déco dans le domaine du costume de scène.

Créatrice du rôle de Cléopâtre, Ida Rubinstein quitte les Ballets russes après leur deuxième saison parisienne, fonde sa propre compagnie et donne des spectacles d'avant-garde dans différents théâtres à partir de 1911. Elle cultive sa passion ancienne pour l'antiquité grecque, mais le personnage de Cléopâtre la poursuit. Elle présente *Antoine et Cléopâtre* de Shakespeare au palais Garnier, en 1920, dans des décors et costumes de Jacques Drésa, qui privilégie plutôt une esthétique italo-romaine. Néanmoins, Ida Rubinstein, qui incarne Cléopâtre une nouvelle fois, bénéficie de spectaculaires costumes, avec khépresh et couronne hathorique, dans un style égyptien beaucoup plus affirmé que celui des tenues qu'elle portait dans le ballet de Fokine. Les gazes translucides et les coupes ajustées ont aussi été remplacées par de lourdes et précieuses étoffes qui masquent le corps et se chargent d'innombrables ornements. En ce début des années 1920, la monumentalité de l'Égypte antique et la richesse de son répertoire de motifs semblent désormais séduire davantage que sa sensualité exotique.

Jacques Drésa, la chambre de Pamina (4e tableau) : esquisse de décor pour *La Flûte enchantée* de Wolfgang Amadeus Mozart, gouache, 1922. BnF, bibliothèque-musée de l'Opéra.

Page de gauche
Ballets russes : trois costumes de Jacques Drésa portés par Ida Rubinstein pour les représentations du ballet *Antoine et Cléopâtre* de Shakespeare, musique de Florent Schmitt, à l'Opéra de Paris, 14 au 19 juin 1920. Photographies de Sabourin (Anet Bert), publiées dans *Comœdia illustré*, 7e année, n° 9, juillet-août 1920.

Studio G. L. Manuel frères, scène de *Tout Ank Amon* de Maurice Perez, épreuve argentique, 1934. BnF, bibliothèque-musée de l'Opéra.

RIVALISER AVEC LE CINÉMA : L'ÉGYPTE MONUMENTALE

Le développement du péplum cinématographique, à partir des années 1910, conforte les théâtres dans la production de spectacles grandioses qui puissent rivaliser avec le septième art. Plusieurs productions d'*Aïda* dans des scénographies remises au goût du jour et usant parfois de projections[12] sont ainsi présentées dans les années 1920 et 1930 et, en 1922, le directeur de l'Opéra de Paris, Jacques Rouché, ajoute un nouvel opéra « égyptien » au répertoire de son théâtre, *La Flûte enchantée* de Mozart. Il confie la conception des décors et des costumes à Drésa, qui avait collaboré avec Ida Rubinstein deux ans plus tôt.

La découverte de la tombe de Toutankhamon, en 1922, stimule aussi la conception de spectacles mettant en scène l'Égypte antique. C'est pourquoi, dès l'année suivante, le Metropolitan Opera de New York propose une nouvelle production d'*Aïda* dans de fastueux décors d'Angelo Parravicini, et plusieurs œuvres lyriques en rapport avec l'Égypte sont créées, notamment à Vienne (l'opérette *Die Perlen der Cleopatra* d'Oscar Straus au Theater an der Wien) et à Paris (l'opérette *Le Mariage de Pyramidon* de Victor Larbey au théâtre des Folies-Dramatiques). N'ayant pourtant que peu d'expérience des superproductions égyptiennes, l'Opéra-Comique se lance lui aussi, en 1934, dans un ouvrage faisant référence à l'actualité archéologique : les fouilles du tombeau de Toutankhamon ont été achevées deux ans plus tôt. Le caractère léger, voire égrillard, de *Tout Ank Amon* de Maurice Perez contraste avec les fastes et la solennité de sa mise en scène. Cette opérette ne rencontre pas son public et est retirée de l'affiche au bout de cinq représentations.

Les scènes de music-hall ont bien l'intention de profiter, elles aussi, de l'engouement du public pour l'Égypte antique et présentent, dans les années 1920, des spectacles qui associent le caractère monumental des grandes productions de l'Opéra, qu'elles ont pour tradition de parodier, et l'érotisme explicite qui est leur spécialité. Ainsi, les Folies Bergère proposent des tableaux égyptiens au sein de plusieurs de leurs revues : lors de la saison 1924-1925, le tableau final de *Cœurs en folie* (saison 1924-1925), « la légende du Nil », est un ballet aquatique, avec des naïades dans le plus simple appareil s'ébattant dans une piscine au pied du sphinx. En 1927, la revue *Un vent de folie* compte elle aussi deux tableaux égyptiens avec nudités complaisantes : « le temple égyptien », au sein d'un panorama consacré au « monde en prière », et « la galère de Cléopâtre », parmi une série de navires de légende.

En dépit des progrès de l'égyptologie et de la rénovation scénique du début du XXe siècle portée notamment par les Ballets russes, la période Art déco n'a donc pas fondamentalement changé la vision théâtrale de l'Égypte antique, toujours archéologique, exotique et sensuelle à la fois : l'héritage du XIXe siècle était sans doute trop lourd, la rivalité avec le cinéma en plein développement trop polarisant, le goût du public trop dominant. Plusieurs acteurs de la modernité chorégraphique ont toutefois été sensibles, de manière originale, à la dimension mystique de l'Égypte antique, et Sonia Delaunay, avec le costume du rôle de Cléopâtre qu'elle imagine, a réussi à produire, dans le cadre contraint du spectacle, l'un des grands chefs-d'œuvre du costume de scène Art déco. Le cinéma s'est aussi nourri des créations des Ballets russes et a engagé un dialogue fécond, non sans rivalités, avec le monde de la scène qui s'est poursuivi pendant tout le XXe siècle.

M. Morange (ou Morhange), dans le rôle du Grand-Père Sabakon, dans l'opérette *Le Mariage de Pyramidon*, musique de Victor Larbey, sur un livret de Trique et Ploque (créée à Paris, théâtre des Folies-Dramatiques, le 7 février 1923). Studio Photo Gilbert René. Collection Jean-Marcel Humbert.

Francis MARTY
VERLANO
Suze DARCI

STOWITTS MELCHIOR

106. LA LÉGENDE DU NIL

Décor de DESHAYS et ARNAUD
Costumes dessinés par Georges BARBIER,
exécutés par Max WELDY

Lucyenne HERVAL Nade RENOFF BARDONI

106. THE NILE LEGEND

Photo de Waléry

« La légende du Nil », tableau final de la revue *Cœurs en folie*, Folies Bergère, programme de la saison 1924-1925.

CHEZ CLÉOPATRE

«La galère de Cléopâtre», tableau de la revue *Un vent de folie*, Folies Bergère, programme de la saison 1927. BnF, département des arts du spectacle.

Page de gauche
Zyg Brunner, «Chez Cléopâtre», scène de la féerie de Rip *Plus ça change*, en deux actes et six tableaux, représentée pour la première fois à Paris le 7 septembre 1915 au théâtre Michel, reprise au même théâtre en octobre 1918 et octobre 1919. Éditions Lucien Vogel, Paris, 1922.

NOTES

1. Mathias Auclair, «Les Champollions de l'Opéra : décors et costumes égyptiens à l'Opéra de Paris de 1789 à 1850», dans Philippe Mainterot et Hélène Jagot (dir.), *«Du haut de ces pyramides…»: l'expédition d'Égypte et la naissance de l'égyptologie (1798-1850)*, Lyon, 2013, p. 268-279. **2.** Jean-Marcel Humbert, «L'Égypte et l'art lyrique : un exotisme antiquisant», *Exotisme et art lyrique*, sous la direction d'Alexandre Dratwicki et Agnès Terrier, Paris, Opéra-Comique, Fondation Bru Zane, 2012. En ligne : http://www.bruzanemediabase.com/fre/Parutions-scientifiques-en-ligne/Articles/Humbert-Jean-Marcel-L-Egypte-et-l-art-lyrique-un-exotisme-antiquisant/(offset)/8 **3.** Mathias Auclair, «L'autre observé et l'autre fabriqué : décors et costumes exotiques à l'Opéra au XIXe siècle», dans Nathalie Coutelet et Isabelle Moindrot (dir.), *L'Altérité en spectacle (1789-1918)*, Rennes, 2015, p. 257-273. **4.** Isadora Duncan, *Ma vie*, traduit de l'anglais par Jean Allary, Paris, Gallimard (coll. Folio), 1932, p. 300-303. **5.** Karl Toepfer, *Empire of Ecstacy: Nudity and Movement in German Body Culture (1910-1935)*, Oakland, 1997, p. 175-179 ; Anne Décoret-Ahiha, *Les Danses exotiques en France (1880-1940)*, Pantin (coll. Recherches), 2004, p. 233. **6.** Annie Suquet, *L'Éveil des modernités : une histoire culturelle de la danse (1870-1945)*, Pantin (coll. Histoires), 2012, p. 278 ; Claudie Servian, «"Dare to Dance Your Own Dance": Transgressing Aesthetic Borders in Early Twentieth-Century American Theatrical Dance», dans Paul Otto et Susanne Berthier-Foglar (éd.), *Permeable Borders: History, Theory, Policy, and Practice in the United States*, New York, Oxford, 2020, p. 57-76, 66-67. **7.** *Idem*, *ibidem*, p. 293-294. **8.** Paul A. Scolieri, *Ted Shawn: His Life, Writings, and Dances*, Oxford, 2019, p. 78. **9.** *Idem*, *ibidem*, p. 145-146. **10.** Constanze Müller, *Michail Fokins Ballett Cléopâtre : eine musikalisch-choreografische Rekonstruktion*, Marburg, 2012, p. 280 et suiv. **11.** Jean Cocteau, «Cléopâtre», dans Arsène Alexandre, *L'Art décoratif de Léon Bakst*, Paris, M. de Brunoff, 1913, p. 2. **12.** Marianne Viefhaus-Mildenberger, *Film und Projektion auf der Bühne, Emsdetten* (coll. Quellen und Forschungen zur Theatergeschichte, 57), 1961, p. 300 et ill. 253-256.

TOUS LES JEUDIS
UN FRANC 50

NUMERO 303
6 SEPT. 1934

POUR VOUS

L'HEBDOMADAIRE DU CINEMA

Claudette Colbert dans " Cléopâtre " ou deux mille ans après...

LE CINÉMA ÉGYPTISANT À L'ÉPOQUE DE L'ART DÉCO

Jean-Luc Bovot

Zita Johann dans *La Momie* (*The Mummy*) de Karl Freund, 1932.

Page de gauche
Claudette Colbert dans *Cléopâtre* (*Cleopatra*) de Cecil B. DeMille. Couverture du magazine *Pour vous*, 6 septembre 1934.

L'Art déco, généralement daté de 1920 à 1940, est un mouvement artistique qui concerne surtout les arts appliqués, mais aucun genre[1] « Art déco » n'existe dans le septième art. Les péplums égyptisants contemporains ont-ils pu être influencés par ce style ? Est-ce qu'une action se déroulant à l'époque pharaonique pouvait être affectée par ce mouvement moderne ? La découverte en 1922 de la tombe de Toutankhamon (KV 62)[2] ayant relancé l'égyptomanie tout en sollicitant l'imaginaire des artistes, le cinéma allait pouvoir compter sur la conjonction unique des réminiscences de l'Art nouveau, des innovations de l'Art déco et de la « tutmania ». L'Art déco, qui apparaît dans un film dès 1920[3] avec son design de motifs répétitifs et de lignes géométriques, va devenir un symbole du luxe et de la mode, très bien intégré par le directeur artistique Cedric Gibbons, de la MGM, qui saura fasciner le public déshérité de la Dépression avec les intérieurs chics et élégants des classes aisées. Cette démarche va coïncider avec l'émergence des genres au cinéma, comme le péplum « sonore » initié par Cecil B. DeMille. Entre 1920 et 1940, le cinéma mondial a produit cent vingt-sept films sur l'Égypte ancienne, mais une trentaine seulement possèdent des éléments Art déco. Cette rareté peut s'expliquer par un manque de volonté artistique, indispensable, de la part des décideurs : producteur, réalisateur, directeur artistique (*Production Designer, Art Director*) et son équipe (décorateurs, costumiers, accessoiristes). Néanmoins, le design d'un film est toujours le reflet[4] de son époque : il suffira de comparer[5] trois versions de *Cléopâtre*, en 1917 (Theda Bara), en 1934 (Claudette Colbert) et en 1963 (Elizabeth Taylor), pour constater que les maquillages, coiffures, costumes et décors s'accordent avec la mode en usage. Le *Cléopâtre* de 1934 étant, incontestablement, l'archétype du film égyptisant Art déco, existe-t-il d'autres exemples ? On verra que les films retenus comme représentatifs partagent au moins une caractéristique : leurs directeurs artistiques sont, généralement, issus des milieux picturaux (peintre, illustrateur, affichiste, etc.) et, plus rarement, de la mode (haute couture, couturier, publicitaire…).

Bien avant le *Cléopâtre* de 1934, *La Reine des Césars* (*Cleopatra*, 1917), aujourd'hui perdu mais connu par une ample série de photographies, peut laisser deviner des prémices d'Art déco. Les costumes et les décors[6] de George James Hopkins vont forger la réputation de vamp de Theda Bara. Si la reconstitution orientaliste est stéréotypée (tapis, vêtements bigarrés, mobilier chargé), l'intrusion de formes géométriques préfigure celles de l'Art déco[7]. Les modèles pharaoniques retenus (pyramides, sphinx), peu hellénistiques, sont des signaux visuels codifiés certifiant le symbolisme exotique et érotique de Cléopâtre comme « icône de l'égyptomanie branchée du début du XXe siècle[8] ». D'autres films avant 1920[9] ont pu receler des traces d'Art déco, notamment *L'Admirable Crichton* (*Male and Female*, 1919), de Cecil B. DeMille. Pour une séquence fantastique, le décor de Wilfred Buckland et les costumes de Paul Iribe et Clare West

Thomas Meighan et Gloria Swanson dans *L'Admirable Crichton* (*Male and Female*) de Cecil B. DeMille, 1919. Costumes de Paul Iribe et Clare West.

combinent Art nouveau et Art déco mais s'autorisent une coiffe royale en forme d'*atef* retravaillée et une coiffe d'esclave chrétienne revisitant la « dépouille de vautour » des reines égyptiennes, traitée sous la forme d'un paon !

En 1920, *L'Atlantide* de Jacques Feyder bénéficie des talents de l'illustrateur Manuel Orazi. Son style unique, qui emprunte aux sécessionnistes viennois, à l'expressionnisme et au symbolisme, est appliqué au costume d'Antinéa, mêlant art pharaonique, art nordique et Art déco. Parmi les nombreuses allusions pharaoniques (cartons des intertitres, couronne de la reine, accessoires et décors muraux, sarcophages ornés du signe ankh), il mêle des motifs orientalistes (lotus) et Art déco avec une touche d'expressionnisme. Dans la profusion décorative du palais d'Antinéa, il imbrique des motifs très diversifiés (signe ankh retravaillé, pseudo-hiéroglyphes, reliefs animaliers, motifs répétitifs) qui sont inextricablement intégrés aux lignes plus géométriques des architectures et du mobilier.

Le tournage de *La Femme du pharaon* (*Das Weib des Pharao*, 1922) d'Ernst Lubitsch débute en juillet 1921, peu avant la découverte de la tombe de Toutankhamon. Cette superproduction allemande très onéreuse, à base de capitaux américains, profite du talent de Kurt Richter et d'Ernst Stern, qui vont élaborer des décors gigantesques. Ernst Stern, féru d'égyptologie, cherche l'authenticité et peut construire en dur dans une banlieue de Berlin (Steglitz) ses monuments à taille réelle. Archéologiquement peu probants, ces décors compilent des styles variés avec une forte inspiration locale (musée de Berlin[10]). Les hiéroglyphes et les couronnes sont vraisemblables (sauf le némès royal coiffant les prêtres), mais les vêtements sont surchargés de motifs, de perles et de rubans : une des tuniques du roi est ornée de lotus travaillés dans un esprit Art déco, aussi présent dans les lignes géométriques et la symétrie du pylône du temple, de la pyramide, des peintures murales.

La Femme du pharaon (*Das Weib des Pharao*) d'Ernst Lubitsch, 1922. Décors de Kurt Richter et Ernst Stern.

Emil Jannings dans le rôle du pharaon Amenes.

Les Dix Commandements (*The Ten Commandments*) de Cecil B. DeMille, 1923. Décors de Paul Iribe.
La salle du trône. Charles de Rochefort (Ramsès II), Julia Faye (Nefertari), Theodore Roberts (Moïse) et Pat Moore (fils du pharaon).
Page de droite, C. Vaillant, affiche du film.

Dans *Les Dix Commandements* (*The Ten Commandments*, 1923), film muet de Cecil B. DeMille, seul le prologue, consacré à l'Exode, se déroule dans l'Antiquité. Cet épisode biblique est revisité avec la vision singulière du réalisateur, mêlant démesure, kitsch et goût pervers pour les scènes d'orgie. Il fit bâtir, grandeur nature, un pylône, précédé de colosses assis de Ramsès II et d'une allée de vingt-quatre sphinx, dans les sables de Nipomo Sand Dunes, à Guadalupe[11]. Devant ce décor colossal, il filmera, à la manière de son maître D. W. Griffith et s'inspirant de la peinture *Israel in Egypt*[12], les deux mille cinq cents figurants qui simulent le départ des Hébreux. Malgré la publicité vantant l'exactitude de la reconstitution, les décors réinterprètent largement l'art pharaonique. DeMille avait chargé[13] Florence Meehan, spécialiste de culture antique, de récolter une documentation en Palestine et en Égypte. C'est le français Paul Iribe, un des initiateurs du mouvement Art déco, qui élabore les décors et va fabriquer certains modèles comme ceux du dieu Anubis, copiés sur ceux de la KV 62[14]. En mêlant le style Art déco et les motifs pharaoniques simplifiés, il conçoit le pylône aux bas-reliefs stylisés et aux hiéroglyphes illisibles et les somptueux intérieurs dans lesquels les colonnes s'ornent de motifs géométriques. La salle du trône foisonne d'éléments modernisés : « trône-sphinx » avec cartouche, lampadaires, décors muraux de lotus. Les costumes et les parures (némès « cintré », couronne galbée, *uræus* élancé, chaussures à la poulaine, etc.) seront créés par Mitchell Leisen avec la même distanciation.

ADOLPH ZUKOR & JESSE L. LASKY
PRÉSENTENT
UNE ŒUVRE DE
CECIL B. DE MILLE
LES 10 COMMANDEMENTS
Scénario de JEANIE MACPHERSON
AVEC
THEODORE ROBERTS _ CHARLES DE ROCHEFORT _ NITA NALDI _ AGNÈS AYRES
RICHARD DIX _ ESTELLE TAYLOR _ LEATRICE JOY _ etc....
C'est un Film Paramount

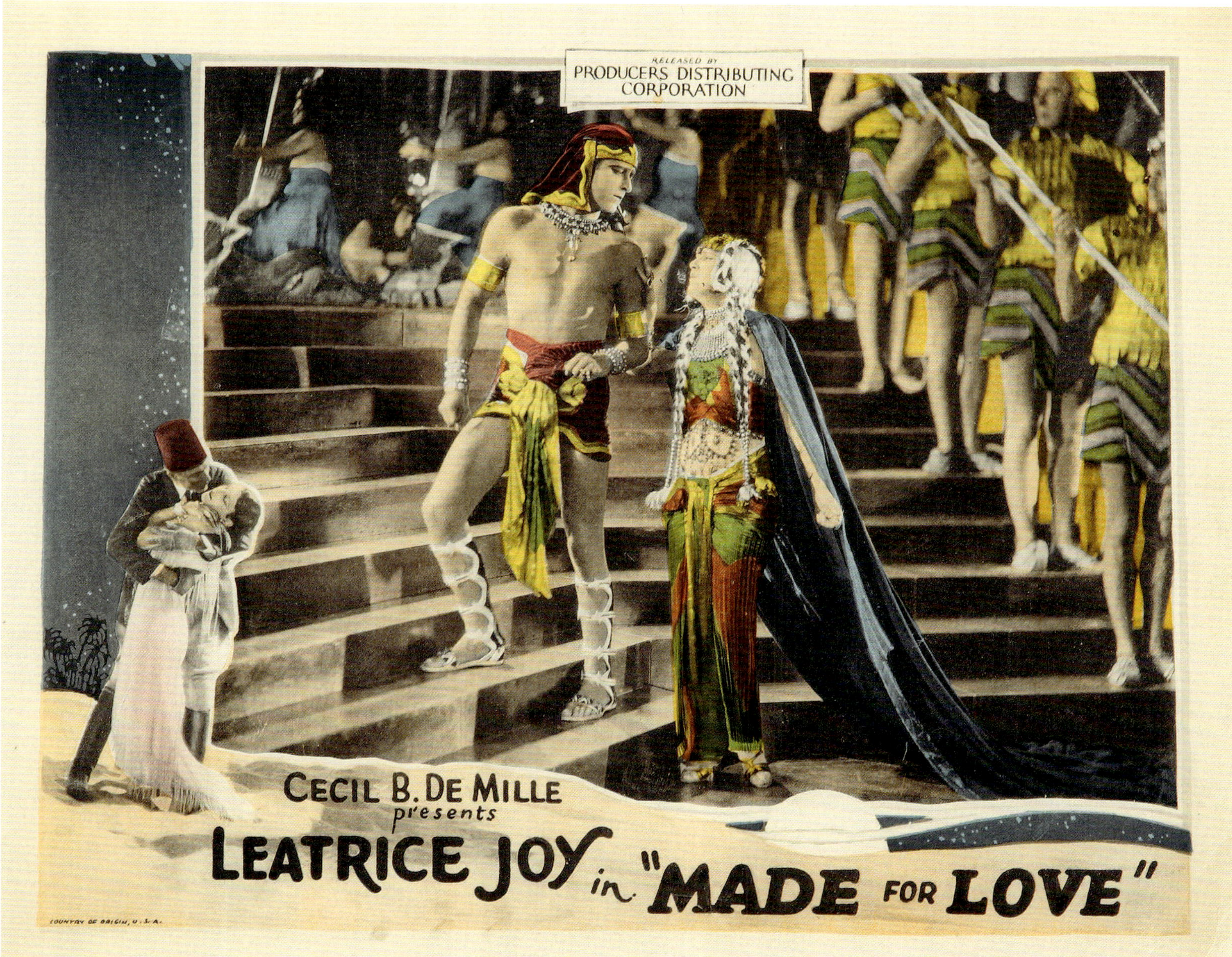

Le Tombeau des amants **(*Made for Love*) de Paul Sloane, 1926. Direction artistique Max Parker.**

Page de gauche
L'Esclave reine **(*Die Sklavenkönigin*) de Michael Kertész (Michael Curtiz), 1924. Décors d'Arthur Berger et Emil Stepanek.**

À la même période, Michael Kertész (Michael Curtiz) réalise *L'Esclave reine* (*Die Sklavenkönigin*, 1924). Ce film, le plus coûteux produit à l'époque en Autriche, aligne les décors démesurés sur les terrains du Laaer Berg[15]. Arthur Berger et Emil Stepanek y réaménagent leurs anciens décors[16], dont la tour de Babel, en édifices pharaoniques[17] : statue cube géante, entrelacs des ruelles, maisons trapézoïdales, etc. L'Art déco y est ponctuel : statue divine de vautour aux ailes fuselées, costumes du pharaon (*uræus* profilé et ajouré, pectoral, coiffure étonnante inspirée de l'*atef*, pagne à motifs géométriques, etc.) créés par le peintre Remigius Geyling avec une distanciation manifeste. Certaines toilettes portées par Userti (Arlette Marchal) ne dépareraient pas une soirée habillée des années 1920.

En 1925, *She* est tourné en partie dans les studios allemands de l'EFA[18] dans lesquels Heinrich Richter, peintre de la Neue Secession, peut concevoir ses décors ornés de statues égyptisantes et de motifs géométriques Art déco. L'année suivante, le film français *Le Berceau de Dieu* (1926) tente de concurrencer les superproductions américaines[19]. Pour l'épisode biblique de Joseph, le peintre Léonard Sarluis s'inspire de son « Interprétation mystique de la Bible » en trois cent soixante tableaux avec touches d'Art déco pour son décor de la salle du trône aux motifs égyptiens retravaillés. La même année, DeMille Pictures, Inc. produit *Le Tombeau des amants* (*Made for Love*, 1926). Dans un flash-back, un des lits de Toutankhamon sert de palanquin, mais le directeur artistique Max Parker flatte les goûts à la mode, entre

kitsch (colosses) et Art déco (trône, némès et pagnes, vêtements bariolés des gardes). Toujours en 1926, Marcel Perez tourne sa comédie *Mummy Love* en partie dans la cour du Grauman's Egyptian Theater à Hollywood[20], à l'architecture néoégyptienne[21]. En 1928, le court-métrage *Cleopatra* de Roy William Neill cherche à démontrer l'intérêt du Technicolor. Natalie Kalmus applique aux couleurs sa conception naturaliste[22], suivie par l'illustrateur Glenn Cravath pour son décor de palais Art déco avec tentures en tulle, grilles en fer forgé ornementales, motifs floraux stylisés. La reine, habillée d'un somptueux costume de perles, est coiffée d'accroche-cœurs très « années 1920 ».

En 1932, le producteur Carl Laemmle Jr. ajoute un « monstre » aux Universal Monsters. Réalisée par Karl Freund, *La Momie* (*The Mummy*) est jouée par Boris Karloff sous le maquillage légendaire de Jack P. Pierce. Si le film doit distraire un public morose, frappé par la Dépression, il vise *in fine* à réitérer les profits inespérés de *Dracula* et de *Frankenstein*. Sur le scénario, fantaisiste, plane l'influence du tombeau de Toutankhamon, qui avait suscité l'effroi très médiatisé de sa « malédiction ». Aucun expert n'est cité, mais l'intrigue a été révisée par John L. Balderston, qui avait couvert la fouille de la KV 62 pour le *New York World Magazine*. Fort de cette expérience, il nommera la princesse Ank-Souh-Namun (Zita Johann) du nom de l'épouse de Toutankhamon, Ankhesenamon, et son amant, Im-ho-tep (Boris Karloff), de celui de l'architecte du pharaon Djéser. Les décors, filmés en studio à Universal City, sont créés par l'illustrateur Willy Pogány, qui s'est inspiré du Livre des morts d'Hounefer (British Museum) pour le « Livre de Thot » et d'objets de Toutankhamon. Outre certains hiéroglyphes fantaisistes et les déformations des peintures murales de la tombe, des touches Art déco sont perceptibles comme les zigzags du trône, les curieuses épaulettes de la statue divine[23], le traitement des plumes sur le sarcophage. Le costume[24] porté par Zita Johann, en princesse pharaonique, est de Vera West et comprend un vêtement moulant formé de voiles à bordure géométrique, des bijoux métalliques (bracelets en spirale) et une coiffe retravaillant les motifs égyptiens de la couronne galbée combinant la « dépouille de vautour » et un grand *uræus*.

***La Momie* (*The Mummy*)**
de Karl Freund, 1932.
Boris Karloff et Zita Johann.

En bas, scène de tournage.

Malgré la critique[25], le film *Cléopâtre* (*Cleopatra*, 1934) de Cecil B. DeMille reste celui qui a le mieux retravaillé l'art pharaonique avec les codes de l'Art déco. Cette « fantaisie Art déco spectaculaire remplie d'un exotisme exubérant de plumes, d'or, de bijoux scintillants et de jeunes filles peu vêtues[26] » ne recherche pas la rigueur historique et la fidélité aux sources (Plutarque) mais mise plutôt sur les codes de la *screwball comedy*. La reine ptolémaïque devient une femme à la sexualité libérée contemporaine[27] qui contourne le code Hays, publié en 1930 mais qui ne sera appliqué au cinéma qu'à partir de 1934. Malgré les affirmations concernant les accessoires, « tous sont historiquement exacts. Des copies de musées…[28] », la reconstitution est plus Art déco qu'archéologique. Les directeurs artistiques Roland Anderson et Hans Dreier vont compenser le peu d'authenticité des décors par une interprétation Art déco d'une grande modernité[29], comme le trône tout en lignes courbes inspiré du « style paquebot » (*Streamline Modern*) propre à l'architecture contemporaine. Filmées en studio, la salle du palais et la barge royale, improbable palais flottant baroque[30], sont traitées comme des tableaux de music-hall, avec parquet ciré et rideaux de scène. Mêlant des motifs pseudo-pharaoniques et des formes élancées[31], l'art égyptien est présenté sous une forme hybride[32] unissant l'Antiquité, pour l'*Entertainment*, et les élans progressistes du nouveau design architectural. Cette modernisation[33] du style antique suit des effets de mode : colonnes aux bases bulbeuses, peintures murales, statues de lions (copie de celui de Soleb au British Museum), éléments floraux de lotus, aux contours découpés très Art déco, consacrent la supériorité divertissante du design pharaonique sur celui de l'art grec et romain.

Il en va de même pour les costumes, jugés trop modernes[34] malgré les propos du réalisateur[35]. Toute la campagne publicitaire du film consista à le vanter par le biais de produits dérivés glamour (chapeau, sandales, savon, cigarettes, etc.) accessibles dans les grands magasins[36]. Des liens étroits vont alors unir industriels et septième art selon un processus initié par Cecil B. DeMille[37]. En incarnant Cléopâtre, Claudette Colbert, star de la Paramount née en France, lui octroyait son image de « femme américaine moderne, élégante, sophistiquée, pleine d'esprit… », tandis que ses costumes, portés dans le cadre d'une scénographie Art déco surchargée, avec leur coupe en biais épousant la silhouette menue de l'actrice, paraissaient à la mode pour le public de l'époque[38]. La modernisation de la reine passait aussi par ses dialogues de jeune fille impertinente susceptible d'être comprise par les spectatrices d'alors. C'est Travis Banton, brillant ex-créateur de mode, qui réalisa les costumes de l'actrice. Même « inspiré » par les vêtements égyptiens et romains, le costumier a conçu une Cléopâtre moderne en révélant le corps de la star autant que le permettait la censure au moment du code Hays[39]. Ses robes élégantes ont su mettre en valeur son physique (bretelles croisées sur la poitrine, paillettes rutilantes habilement disposées, costume fendu, etc.) sans jamais choquer[40], tout en étant très contemporaines : un look unique issu de la tendance égyptisante qui

Reginald Marsh,
***A Paramount Picture*, 1934.**
Cleveland Museum of Art.

Claudette Colbert dans *Cléopâtre* (*Cleopatra*) de Cecil B. DeMille, 1934.

gagnait la mode Art déco et qui initia la silhouette féminine des années 1930[41]. C'est aussi vrai pour son maquillage typé de l'époque[42], avec son ombrage des yeux, ses sourcils épilés, ses cils fardés, sa lèvre pulpeuse. Les coiffures sont également datées[43], notamment la coiffure lisse avec une frange droite et des mèches tombant sur les épaules, qui est parfois couverte par une « dépouille de vautour », avec *uræus* et emblème hathorique traités dans un style Art déco, ou simplement retenue par un diadème qui peut être agrémenté de plumes d'oiseau de paradis. Entre orientalisme et Art déco égyptisant, *Cléopâtre* demeure le miroir hollywoodien fascinant d'une société aux mœurs et aux arts renouvelés.

Après cet exceptionnel tribut de *Cléopâtre* à l'Art déco, aucun film suivant ne l'égalera, même si les décors du palais de Kôr de Van Nest Polglase pour *La Source de feu* (*She*, 1935) fusionnent, dans un esprit Art déco, les éléments architecturaux et les motifs géométriques revisitant l'art pharaonique. Les costumes d'Aline Bernstein et d'Harold Miles habillent la reine selon l'esthétique de la mode féminine des années 1930. Cette modernisation est présente dans *L'homme qui pouvait accomplir des miracles* (*The Man Who Could Work Miracles*, 1937) avec son costume à la mode de Cléopâtre créé par John Armstrong : robe de tulle, bandes plissées en lamé, ceinture (boucle à *uræus*) et bande frontale aux motifs géométriques, soutien-gorge orné d'écailles, couronne « dépouille de vautour » transformée en paon stylisé. Une ultime référence est encore perceptible dans le film à petit budget *La Main de la momie* (*The Mummy's Hand*, 1939), pour lequel le chef décorateur Russell A. Gausman transforma le temple inca qu'il avait conçu pour *L'Enfer vert* (*Green Hell*, sorti en 1940)… en tombeau égyptien, en conservant la composition Art déco de l'autel, dont les têtes de lamas devinrent des Anubis.

***La Source de feu* (*She*) de Lansing C. Holden et Irving Pichel, avec Helen Gahagan et Randolph Scott, 1935. Direction artistique Van Nest Polglase ; costumes d'Aline Bernstein et Harold Miles.**

Page de droite
***La Main de la momie* (*The Mummy's Hand*) de Christy Cabanne, avec Dick Foran et Peggy Moran, 1939. Décors de Russell A. Gausman.**

NOTES

1. Cathy Whitlock, *Designs on Film, a Century of Hollywood Art Direction*, New York, 2010, p. 68. https://www.pdfdrive.com/designs-on-film-a-century-of-hollywood-art-direction-d194194876.html **2.** Les tombes de la vallée des Rois ont été numérotées à partir de 1827 selon un code créé par John Gardner Wilkinson : KV pour King Valley, suivi d'un numéro. **3.** *Idem, ibidem*, p. 60 : *Enchantment*, d'Einar Bruun. **4.** Lloyd Llewellyn-Jones, « "An almost all Greek Thing": Cleopatra VII and Hollywood Imagination », p. 305-329, dans Konstantinos P. Nikopoulos, *Ancient Greek Women in Film*, Oxford, 2013, p. 320. **5.** Edward Maeder, « The Three Faces of Cleopatra », dans *Hollywood and History Costume Design in Film*, Los Angeles, 1987, p. 48. **6.** Ils sont réutilisés aussitôt dans le film *She* (1917) de Kenean Buel, avec Valeska Suratt dans le rôle d'Ayesha. *Cf.* Hervé Dumont, « Ayesha et Antinéa. Le mythe de la reine immortelle au cinéma », Ayesha, première partie, *L'Écran fantastique*, n° 57, juin 1985, p. 59, 67. **7.** Nacho Garcia, « City of Lights: Ancient Alexandria in Cinema and Modern Imagination », dans Marta García Morcillo, Pauline Hanesworth and Óscar Lapeña Marchena (éd.), *Imagining Ancient Cities in Film from Babylon to Cinecitta*, New York, 2015, p. 113-134 (*cf.* p. 120). **8.** *Idem, ibidem*. **9.** *La Rose de Thèbes* (*Rosa di Tebe*, 1912), *Marc Antoine et Cléopâtre* (*Marcoantonio e Cleopatra*, 1913), *Cabiria* (1914), *The Dust of Egypt* (1915), *Passez muscade* (*Are Cooks are Dishonest ?*, 1918), *Satanas* (*Satanas – I. der Tyrann. eine Tragödie aus der Pharaonenzeit*, 1919), auxquels on peut adjoindre *Die Tophar-Mumie* (1920). **10.** Bernt Müller, « Das Weib des Pharao, Altägypten in Berlin-Steglitz », *Kemet* 3, juillet 2011, p. 80-83. **11.** Peter Brosnan, *Co-Starring: the Guadalupe Dunes. 85 Years of Hollywood Movies in the Guadalupe Dunes (1921-2006)*, 2006. Film de Peter Brosnan, *The Lost City of Cecil B. DeMille*, 2016. **12.** Stephanie Moser, *Painting Antiquity: Ancient Egypt in the Art of Lawrence Alma-Tadema, Edward Poynter and Edwin Long*, New York, 2019, p. 154-164. **13.** *Exhibitors Herald* du 6 janvier 1923. **14.** https://www.bonhams.com/auctions/20049/lot/1109/?category=list **15.** Terrains au sud de la ville où Sascha-Film tourne ses superproductions comme *Le Sixième Commandement* (*Sodom und Gomorrha*, 1922), également réalisé par Michael Kertész. **16.** Pour *Le Sixième Commandement* (*Sodom und Gomorrha*, 1922). **17.** Le décor servira ensuite au tournage de *Salammbô* (1925) de Pierre Marodon, qui va réutiliser les décors des deux films de Michael Kertész. **18.** Europäische Film-Allianz. **19.** https://www.cairn.info/revue-societes-et-representations-2016-2-page-159htm?try_download=1#re5no5 **20.** https://losangelestheatres.blogspot.com/2017/02/egyptian-forecourt.html. https://tessa.lapl.org/cdm/ref/collection/photos/id/108563 **21.** Reprise de motifs pharaoniques (colonne, corniche, linteau, etc.) selon le nouveau style Art déco. **22.** https://filmcolors.org/galleries/cleopatra-1928/ **23.** Cette statue sera réutilisée par la suite dans *The Perils of Pauline*, 1933 (épisode 5, « The Flaming Tomb »), *Tarzan l'intrépide*, 1934, et *Flash Gordon Trip to Mars*, 1938 (épisode 11, « Human Bait »). **24.** En 1938, le sérial *Flash Gordon Trip to Mars* reprend la robe de Zita Johann (épisode 3, « Queen of Magic »). **25.** Cathy Whitlock : « [...] dans les années 30, *Cléopâtre* a popularisé l'Art déco égyptien. Heureusement, ce style n'a pas duré longtemps ». https://latimesblogs.latimes.com/home_blog/2010/12/designs-on-films-cathy-whitlock.html **26.** *Cf.* Maeder, « The Three Faces of Cleopatra », *Hollywood and History Costume Design in Film*, *op. cit.*, note 5, p. 48. **27.** Le 18 août 1920, le dix-neuvième amendement donnait aux femmes le droit de vote. **28.** « *All are historically accurate. Museums copies* », dans Francesca T. Royster, *Becoming Cleopatra. A Shifting Image of an Icône*, New York, 2003, p. 85. **29.** Whitlock, *Designs on Film*, *op. cit.*, note 1, p. 89. **30.** Qualifié de « *the greatests film set ever constructed* ». **31.** Proches du Radio City Music Hall de New York, selon Juan Antonio Ramirez, *Architecture for the Screen: A Critical Study of Set Design in Hollywood's Golden Age*, Jefferson, 2012, p. 123. **32.** *Cf.* Garcia, « City of Lights: Ancient Alexandria in Cinema and Modern Imagination », dans *Imagining Ancient Cities*, *op. cit.*, note 7, p. 120. **33.** *Cf.* Ramirez, *Architecture for the Screen*, *op. cit.*, note 31, p. 122 ; Garcia, *ibidem*. **34.** Robert S. Birchard, *Cecil B. DeMille's Hollywood*, Lexington, 2004, p. 275. **35.** *Idem, ibidem* : « *For your information, over six months were spent in the research work on this picture, including a very careful study of the costumes and head dresses of the period, and you can rest assured that they were correct. Quite often modern clothes designers copy ancient costumes, and it is for that reason that you noticed a similarity.* » **36.** Maria Wyke et Dominic Montserrat, « Glamour Girls. Cleomania in Mass Culture », *Cleopatra. A Sphinx Revisited* (Margaret M. Miles ed.), Berkeley, Los Angeles, 2011, p. 181-182. **37.** *Idem, ibidem*, p. 182 : Cecil B. DeMille « a perfectionné une technique permettant de transformer le cadre du film en une vitrine vivante occupée par de merveilleux mannequins ». **38.** *Id., ibid.*, p. 183-186. **39.** *Cf.* Birchard, *Cecil B. DeMille's Hollywood*, *op. cit.*, note 34, p. 276. **40.** Bernard F. Dick, *Claudette Colbert: She Walked in Beauty*, Jackson, 2008, p. 96. **41.** *Cf.* Llewellyn-Jones, « "An almost all Greek Thing" », *Ancient Greek Women in Film*, *op. cit.*, note 4, p. 325. **42.** *Cf.* Maeder, « The Three Faces of Cleopatra », *Hollywood and History Costume Design in Film*, *op. cit.*, note 5, p. 48. **43.** *Idem, ibidem*, p. 49.

L'ÉGYPTOMANIE DANS LES FÊTES

Isabelle Conte

Egidio Scaioni, la marquise Mahaut de Chabannes en Cléopâtre (création Caramba) au bal costumé donné par la marquise Casati dans le palais Rose, Le Vésinet, *Vogue*, 1er septembre 1927.

Page de gauche
Bal des Mille et Une Nuits donné par la comtesse de Chabrillan dans son hôtel particulier de la rue Christophe-Colomb, Paris VIIIe, 29 mai 1912.

Depuis la célébration officielle jusqu'au carnaval, la fête, quelle qu'en soit la forme, renvoie à un très grand nombre de pratiques parmi lesquelles l'égyptomanie est souvent présente. Et, dans ce cas, ces moments de réjouissances, destinés à marquer une rupture avec l'ordre temporel et social, transportent de plus dans un ailleurs merveilleux. Mais les fêtes n'en impliquent pas moins des normes et des règles. Dès lors, comment les références égyptiennes sont-elles intégrées au sein des moments festifs ? Quelle égyptomanie y trouve-t-on ? Un pharaon de carnaval est-il de même essence qu'une Cléopâtre trônant au milieu d'un bal mondain ?

ENDOSSER SON COSTUME POUR SE RENDRE À UNE FÊTE MONDAINE

Durant l'entre-deux-guerres, se déguiser en Égyptien venait souvent à l'esprit des membres de la haute société, qui jouissaient de nombreuses occasions de participer à des bals costumés. Les tableaux vivants présentés étaient photographiés et constituent aujourd'hui nos sources principales. Lorsqu'on se rendait à ces divertissements mondains, la rigueur archéologique n'était pas essentielle, il importait d'éblouir, de se divertir, et de frapper l'imaginaire des convives. À cet effet, une coiffe et un pagne pouvaient suffire, ou encore des bandelettes de momie. Car le prisme du funéraire est dans ce domaine fondamental : on imagine la vie dans l'Égypte ancienne à travers ses tombeaux, et la conservation des corps momifiés donne une proximité avec le passé. Mais ressusciter un roi ou une reine d'Égypte durant le temps d'une fête peut se faire de manières très diverses.

Dans le sillage des *Mille et Une Nuits*, de nombreuses fêtes persanes furent organisées à Paris, dont celle de Paul Poiret le 24 juin 1911 et celle de la comtesse de Clermont-Tonnerre, le 4 juin 1912, où l'infant d'Espagne parut le corps teinté en bleu, vêtu d'une tenue égyptisante dorée et coiffé d'un némès[1]. Le 29 mai 1912, six personnes se firent photographier accoutrées à l'égyptienne chez la comtesse de Chabrillan. Leur costume reposait avant tout sur les némès et les khépresh.

On pouvait aussi mêler des personnages de différentes époques, comme à la fête des Rois, organisée par Paul Poiret en 1923, où le comédien Pierre Magnier parut vêtu en Toutankhamon et posa dans un sarcophage[2]. De même, lorsque la marquise Casati donna une fête costumée dans son palais Rose du Vésinet le 1er septembre 1927, deux reines égyptiennes, dont une Cléopâtre jouée par la marquise de Chabannes, se trouvaient au milieu des invités grimés en Tibère, Hamlet ou Diane de Poitiers. Un cliché pris par le photographe de mode Egidio Scaioni montre cette Cléopâtre dans une pose étudiée, sous un éclairage soigné, rappelant les figures de cinéma. Ses yeux soulignés d'un trait de khôl, elle portait un pantalon, un filet autour de la taille et une brassière, mais c'est surtout sa coiffe en

Mlle CARMEN SARAZOTTI, DE L'OPÉRA. PERRUQUE DE M. J. CHANTEAU, DE PARIS
Studio Photo-Cap

Cette magnifique coiffure égyptienne, de cheveux tressés en longues nattes et ornés d'un riche diadème de métal doré serti de pierres, surmonté sur le devant de la tête du dieu Ibis, constitue une coiffure travestie qui sera très remarquée. Le diadème scintillera de mille feux sous les lumières.

Mlles CARMEN SARAZOTTI *(à gauche)*, MARIE-JEANNE GIRO *(à droite)*, DE L'OPÉRA. PERRUQUES DE M. J. CHANTEAU, DE PARIS. *Studio Photo-Cap.*

L'Art égyptien, un des plus parfaits et des plus décoratifs entre tous les arts, convient parfaitement aux fêtes travesties. Il permet de créer des ensembles, très artistiques.

LA COIFFURE ET LES MODES

18

ÉGYPTE

Comme on peut en juger par les modèles de cette page, l'Art de la coiffure, en Égypte, était très raffiné, connaissait un complet développement. Conséquence certaine de l'extrême civilisation égyptienne.

L'ornement était aussi très répandu. On peut dire qu'il faisait partie de la coiffure. Il est indispensable à toute coiffure égyptienne.

Il est facile de se procurer les perruques, les ornements et le costume présentés à cette page et dans cet album. Adressez-vous, Madame, à votre coiffeur, qui saura vous conseiller et satisfaire à vos désirs.

Mlles CARMEN SARAZOTTI, MARIE-JEANNE GIRO *(en médaillon)*, DE L'OPÉRA. PERRUQUES ÉGYPTIENNES DE M. J. CHANTEAU, DE PARIS. *Studio Photo-Cap.*

De gauche à droite,
Mlle Carmen Sarazotti, de l'Opéra. Perruque de M. J. Chanteau, de Paris.

Mlles Carmen Sarazotti (à gauche), Marie-Jeanne Giro (à droite), de l'Opéra. Perruques de M. J. Chanteau, de Paris.

Mlles Carmen Sarazotti, Marie-Jeanne Giro (en médaillon), de l'Opéra. Perruques égyptiennes de M. J. Chanteau, de Paris.

ailes de vautour qui évoquait Cléopâtre. À la même soirée, la duchesse de Gramont se déguisa en momie. Si aucune photographie n'a conservé le souvenir de son costume, un article de presse relate son entrée remarquée sur « un sarcophage d'or porté par quatre nègres et contenant de précieuses bandelettes[3] ».
À la fête coloniale que madame Fellowes organisa dans sa propriété de Neuilly-sur-Seine le 19 juin 1935, la comtesse de Casteja parut également costumée à l'égyptienne, « le corps moulé dans un tissu magnifique ». Son déguisement présentait des motifs égyptisants, et on remarqua sa coiffure, faite d'une « sorte de casque laqué bleu sombre, enroulé du serpent vert[4] ».
Les « Égyptiens » se faisaient encore plus nombreux lorsqu'on organisait des galas costumés caritatifs où tous les convives étaient plongés dans un univers de référence. Lorsque la comtesse de Béarn donna une fête pour venir en aide aux soldats blessés du Maroc, on représenta un ballet-pantomime conçu par le marquis de Segonzac auquel plus de quatre-vingts « acteurs » mondains en costume prirent part lors de deux représentations les 13 et 15 juin 1914. De la même manière, l'élite bruxelloise fut rassemblée en 1926 au palais d'Egmont pour une « réception chez Tout-Ank-Amon ». Il s'agissait cette fois d'une soirée donnée au profit de la Fondation égyptologique Reine Élisabeth[5], qui se déroula en présence de la princesse Marie-José, elle-même déguisée en princesse égyptienne. La fidélité archéologique était de mise, et les costumes et accessoires avaient été dessinés par l'éminent égyptologue belge Jean Capart[6]. La princesse tenait un miroir à manche en forme de papyrus, orné de la tête de la déesse Hathor, tandis que, derrière elle, sa dame d'honneur, elle-même vêtue en suivante égyptienne, agitait un grand *flabellum* en plumes d'autruche copié sur celui de Toutankhamon[7].

« Une réception chez Tout-Ank-Amon », fête donnée le 14 mars 1926 au palais d'Egmont à Bruxelles au profit de la Fondation égyptologique, que patronne la reine Élisabeth. L'égyptologue belge Jean Capart était chargé de la conception de l'événement. *Le Patriote illustré*, nº 12, 21 mars 1926, p. 188.

DÉCORS ÉGYPTIENS, CHARS ET FÊTES DE RUE

Char de l'École des beaux-arts, « Une visite au tombeau de Tout-ank-Amon », fêtes de la mi-carême, Nantes, carte postale, 1923.

Page de droite
Char des « amours de Cléopâtre et d'Antoine », par A. Faraut, carnaval de Nice, 1934.

Char de « l'arrivée miraculeuse de la statue de la Vierge noire », procession organisée dans le cadre de l'anniversaire du pèlerinage de Notre-Dame de Liesse, 22 juillet 1934.

Les membres de la haute société n'étaient pas les seuls à se costumer en Égyptiens : l'Égypte étant populaire auprès de tous, l'égyptomanie touchait toutes les classes sociales, et les carnavals ne tardèrent pas à traduire ce goût. Lors des fêtes de la mi-carême de Lyon en 1910, deux bœufs, tels des taureaux Apis, tiraient un char représentant un temple égyptien. À Nantes, lors du carnaval de 1923, les élèves de l'École des beaux-arts de la ville défilèrent dans un char intitulé « Une visite au tombeau de Tout-ank-Amon », sur lequel trônait étrangement une Cléopâtre qui fut élue reine de beauté à l'issue des festivités[8]. La même année, au carnaval de Rennes, les élèves peintres et sculpteurs avaient choisi de représenter la « découverte du tombeau du pharaon Tou-Moizy-Amen[9] ». Enfin, ce furent les amours de Cléopâtre et de Marc Antoine qu'on figura sur un char du carnaval de Nice en 1934, sous l'égide d'un Cupidon décochant sa flèche empoisonnée[10]. Pour accompagner son passage, les carnavaleux entonnaient une chanson aux paroles humoristiques sur l'air de *Si tu veux… Marguerite*[11].

Les carnavals n'étaient pas les seules occasions au cours desquelles on pouvait voir des chars. On en connaît également un lors d'une procession religieuse : le 22 juillet 1934, pour le pèlerinage de Notre-Dame de Liesse, dans l'Aisne, les paroissiens de Craonne voulurent rappeler ainsi l'arrivée miraculeuse de la statue de la Vierge venue d'Égypte en 1134, dans un décor évoquant la fuite en Égypte.

ÉGYPTOMANIE ET BAL DES QUAT'Z'ARTS : DE L'ARCHÉOLOGISME AU DÉTOURNEMENT

À mi-chemin entre les fêtes mondaines et le carnaval, le bal des Quat'Z'Arts compte également au nombre de ces événements festifs qui sacrifièrent à la mode de l'égyptomanie. Cette fête si particulière était le bal costumé annuel des élèves de l'École des beaux-arts de Paris. Ils concevaient des affiches, des cartons, des costumes, des chars et des décors. Pour les artistes coutumiers des sujets de la peinture d'histoire, l'Égypte était un pays familier qui inspira trois éditions différentes du bal des Quat'Z'Arts en 1908, 1920 et 1932. S'ils n'avaient pas la rigueur archéologique d'un Jean Capart, les élèves de l'École des beaux-arts pouvaient témoigner d'un réel souci documentaire, mais la fidélité au motif n'était pas l'essentiel : émanation singulière de l'esprit d'atelier, cette fête d'élèves était aussi l'occasion de farces et de détournements. En 1908, une affiche édictait la consigne : celle de se « nipper » le plus archéologiquement possible tout en adaptant des originalités inspirées par le « génie de la connerie ». Il fallait donc à la fois bien connaître l'art égyptien et savoir s'en détacher pour traiter le sujet « à la blague ».
« Les ceuss'es qui ont de chouett's copines sont invités à nous les amener en foule et parfumées Osiris, rapport à la couleur locale car c'est ce que préfère le Dieu Râ comme odeur.
Ne craignez pas de leur payer de bath's tuniques vaporeuses et gazeuses si elles sont dans la Moïse[12] ! »

Dans la cour de l'École des beaux-arts de Paris à l'occasion du bal des Quat'Z'Arts de 1932.

Gaston Pierre Galey, carton d'entrée pour femme, bal des Quat'Z'Arts « L'époque héroïque de Sésostris et Ramsès », salle du Bowling Palace, Neuilly-sur-Seine, 16 mai 1908.

Humoristique, le Quat'Z'Arts avait également une dimension orgiaque, que l'on découvre sur la frise de personnages égyptiens représentés sur le carton d'invitation pour femme de 1908 : l'œil averti y discerne des mains baladeuses. Pour le bal de 1932, dont le thème était « L'entrée triomphale de Ramsès II à Thèbes », de petites scènes grivoises furent cachées dans les hiéroglyphes représentés sur le carton. Pour les costumes, il s'agissait de donner l'illusion d'un péplum en récupérant des objets ou en les détournant, par exemple en sculptant des perles dans des légumes. Le chroniqueur André Warnod cite un participant qui avait tiré « un parti surprenant d'un plat à escargots » et donne l'exemple de « haricots verts et carottes » devenus de « magnifiques colliers[13] ». Le bal s'ouvrit au son de *La Marche triomphale d'Aïda* et se termina par une procession carnavalesque s'arrêtant sur la place de la Concorde pour saluer l'obélisque de Louxor[14]. Toutes ces fêtes à l'égyptienne étaient construites sur l'illusion de faire renaître des personnages de l'histoire. Or, la proximité avec le passé que permet la conservation matérielle des corps donne une dimension particulière aux costumes égyptiens : on aime laisser penser que le personnage s'est réveillé de son sarcophage pour passer la nuit parmi d'autres ombres du passé. Car on avait remarqué après l'ouverture du tombeau de Toutankhamon que l'évocation de cet univers fascinait autant que les découvertes archéologiques elles-mêmes. Ainsi, dans un autre registre, il n'est pas étonnant de retrouver des chars de la mi-carême peuplés d'hommes en habits coloniaux et de femmes vêtues à l'égyptienne, puisque c'est précisément cette confrontation entre le passé et le présent qui marqua particulièrement les esprits[15].

Noël Pol-Jean, carton d'entrée pour homme, bal des Quat'Z'Arts « L'entrée triomphale de Ramsès II à Thèbes », salle de la Montagne, montagne Sainte-Geneviève, 16 juin 1932.

1920 LEZ'ARTS 1920
P. LABBE
SI TU AIMES LES ODEURS MENPHISTIQUES ET LE SHÔN DES STRES
SI TU AHNOSSIS LODEUR DE TÔTH LES MAUT QU'APIS. VIENS ESTIN
SNOERISTIQUE ORDONNE PAR TYPHON POUR LE 12e JOUR DE LET
ERS NÈPHTIS HEURES A LA SALLE WAGRAM
ESNÊH PAS THOU AMENERTAÏS AMENOPHIS III SAKKARAHVISSANTES
AMIES CAPABLES D'NOSOUT P'HARNABIT ISIS RONT A LEUR AISE POUR
NEFER PÂTCH IQUÊ A AMMON OSIRIS QUER D'EN PHILOË L'UROEUS
PARIS_IMP. P. MARMY.

NOTES

1. Jean Villemer, « Les fêtes persanes de la saison dernière », *L'Illustration*, 27 juillet 1912. **2.** « Le bal des Rois chez Paul Poiret », *Femina*, 1923. **3.** « Une fête au palais Rose », rubrique « Les mondanités », *Le Gaulois*, 2 juillet 1927. **4.** Jeanne Fernandez, « La soirée chez le gouverneur », *Le Jour*, 21 juin 1935. On trouvera une photographie de Horst P. Horst dans : Jean-Louis de Faucigny-Lucinge, *Fêtes mémorables, bals costumés : 1922-1972*, Paris, Herscher, 1986, 125 p., p. 63. La comtesse costumée adopte une posture rappelant quelques fresques connues tandis qu'un savant jeu d'ombre et de lumière constitue le seul décor. **5.** Le menu était le suivant : « Extrait d'Apis, Lotus rose aux fruits de la grande verte, Volailles de la Table des dieux, Foie d'oies sacrées du temple d'Amon, Verdure printanière, Douceurs variées du Nord et du Sud. » **6.** « Les cours », rubrique « Les mondanités », *Le Gaulois*, 18 mars 1926. **7.** Michel Bruffaerts, « Bienvenue chez Toutankhamon ! Une touche belge d'égyptomanie dans les Années folles », dans Simon Connor, Dimitri Laboury, *Toutankhamon : à la découverte du pharaon oublié*, Liège, Presses universitaires de Liège, 2019, p. 314-316. **8.** « La reine Cléopâtre », *Excelsior*, 8 mars 1923. **9.** « La mi-carême à Rennes fut brillante et gaie », *L'Ouest éclair*, 12 mars 1923. **10.** « Sur une barque contemporaine de Ramsès II, Cléopâtre, simplement vêtue de ses bijoux et de sa pudeur, s'étire langoureusement et reçoit en plein cœur une flèche empoisonnée que lui décoche Cupidon. Pour atteindre au niveau du sein de la belle reine, l'amour s'est fait hisser jusque-là dans une corbeille par une petite Égyptienne aux yeux pervers. À l'avant de la galère, Antoine, magnifiquement vêtu en général romain, adresse à l'élue de son cœur, à Cléopâtre la bien-aimée, un madrigal enflammé. » « Carnaval galant », *L'Éclaireur du dimanche illustré*, 18 février 1934.

11. « [...] Dès qu'elle aperçut Antoine,
Elle devint rouge pivoine,
Et se dit voilà
Ce qui manque à ma
Collection d'hommes d'États.
Elle fit l'invitation,
Et lui la déclaration.
Il lui dit : Je suis très chic,
Cléopâtre,
Cléopâtre,
Je t'apporte avec mon fric,
Des joyaux, puis un aspic ! »

« Carnaval galant », *L'Éclaireur du dimanche illustré*, 18 février 1934. **12.** Affiche pour le bal des Quat'Z'Arts, 16 mai 1908. **13.** André Warnod, « Comment j'ai rencontré Ramsès II au bal des Quat'Z'Arts », *Comœdia*, Paris, 18 juin 1932. **14.** *Idem, ibidem*. **15.** « Nantes – Fêtes de la mi-carême 1923 – Une visite au tombeau de Tout-ank-Amon », carte postale, 1923 ; « Carnaval d'Aix-en-Provence – Les sphinx livrent leur secret », carte postale, 1924.

H. Madelin, carton d'entrée pour femme, bal de l'Internat, « Les médecins célèbres », Le Bullier, 15 octobre 1926. Les différentes salles de garde des hôpitaux de la ville furent invitées à mettre en scène les moments forts de l'histoire de la médecine au cours d'un défilé dans la salle Bullier. Pour la période antique, ils choisirent d'incarner Chiron, Homère, Esculape ou encore Dionée, mais aussi Ptolémée III Évergète confronté aux épidémies qui ravageaient Alexandrie.

Page de gauche
Paul Labbé, carton d'entrée pour homme, bal des Quat'Z'Arts « L'Égypte antique », salle Wagram, 12 juillet 1920.

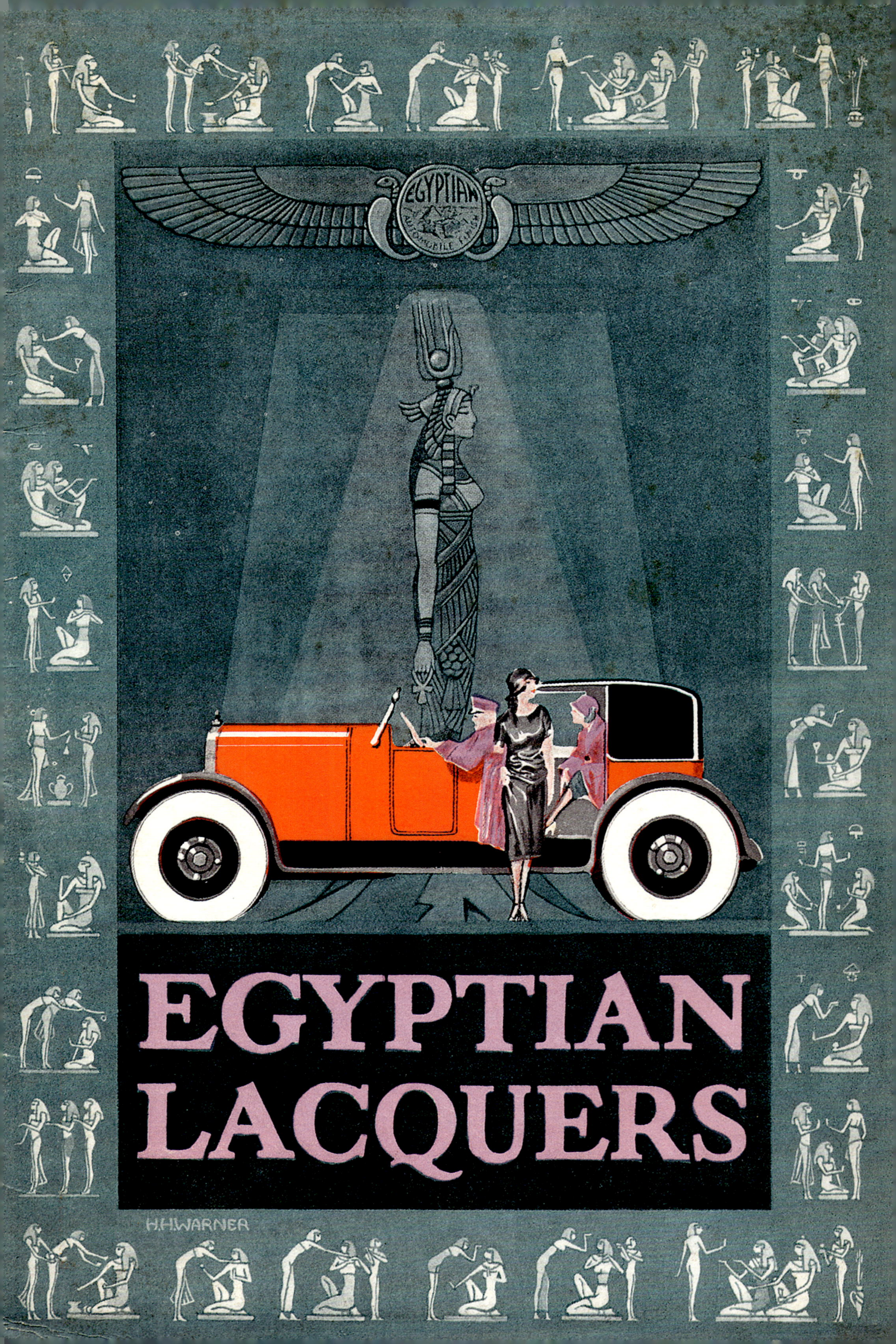
EGYPTIAN
EGYPTIAN
LACQUERS
H.H.WARNER

QUAND L'ÉGYPTE ANTIQUE SACRIFIE À LA DÉESSE CONSOMMATION

Du luxe à la démesure, l'Égypte fantasmée de la publicité

Jean-Marcel Humbert

Egyptian Lac, nom français de la société américaine, *L'Illustration*, 3 juillet 1926.

Page de gauche
« *The Perfect Finish for Motor Vehicules* », couverture d'une brochure publicitaire pour les peintures de la société The Egyptian Lacquer Mfg. Co., New York, vers 1925.

Les circonstances favorables tant financières que psychologiques des Années folles ont largement profité au développement de la réclame, cette méthode qui devait permettre de vendre de l'air au vent, de la glace au pôle et du sable au désert. Un Américain, Albert D. Lasker, a eu dans ce domaine un rôle important[1] : passé maître dans l'art de la persuasion de masse, c'est lui qui fut, entre autres, le conseiller de Palmolive, bâtissant une stratégie de vente autour de messages publicitaires. La voie était ainsi ouverte à la publicité moderne, appelée à surfer, selon la formule de Jacques Séguéla, sur les courants socioculturels.

UN NOUVEL ART DE VENDRE

L'Égypte, par la fascination qu'elle exerce à l'échelle mondiale, fournit des sources d'inspiration qui ont été déjà abondamment utilisées en publicité depuis la fin du XIXe siècle[2]. Mais les temps ont changé, la femme a conquis un pouvoir décisionnel et devient donc une des cibles privilégiées des nouvelles méthodes de vente. L'objectif est extrêmement large et ne se limite pas, tant s'en faut, à une clientèle particulièrement fortunée ni cultivée. D'ailleurs, le grand public fait-il vraiment la différence entre l'art égyptien authentique et ses adaptations dans le cadre de l'égyptomanie[3] ? Il s'agit en tout cas de séduire un public prêt à rêver et de l'entraîner à l'achat par la référence à une époque mythique, celle des anciens Égyptiens, dans ce qu'elle représente pour tout un chacun – à tort ou à raison – de luxe, d'opulence, de joie de vivre, de beauté et de sécurité.

Le langage de l'affiche ou de l'encart publicitaire se réfère ainsi, de façon directe ou plus souvent de façon moins consciente, à la mémoire collective et à un vécu culturel commun à l'ensemble d'un groupe. Le procédé s'appuie, par des mécanismes psychologiques complexes, sur des sentiments enfouis et des fantasmes latents : désir de briller, d'être original, de plaire, de s'évader de la grisaille quotidienne… En même temps qu'un produit, on achète donc aussi un art de vivre, une certaine image que l'on veut donner de soi, par identification avec celle de la publicité et par rapport aux normes d'un entourage social et culturel. Le produit acquis devient alors un véritable signe d'appartenance à un groupe et à une époque, voire un moyen de promotion sociale.

LA PLACE DE L'ÉGYPTE, THÈMES, MYTHES ET SYMBOLES

En raison de son extraordinaire popularité, l'Égypte fait vendre. Les publicitaires l'ont compris et s'appuient, selon la formule de Pierre Fresnault-Deruelle, sur « les tendances profondes d'une époque, les angoisses, les mythes et la sensibilité moderne[4] ». On n'est donc guère surpris de découvrir sur certaines annonces Palmolive des fantômes égyptiens qui se déplacent à l'arrière-plan, indiquant combien l'Égypte est présente dans l'inconscient – ou le subconscient – de chacun.

Indestructible comme les Pyramides
UNIC
LA CAMIONNETTE UNIC EST INUSABLE

Ainsi l'acheteur potentiel aura tendance à privilégier des produits dont l'excellence lui sera rappelée par le domaine égyptien et notamment par les pyramides en tant que symboles de solidité et de durabilité, qui se traduiront par des qualités d'endurance et de résistance laissant espérer un objet robuste. Par exemple, le camion Unic est dit « inusable » (1922) : flottant dans l'air au-dessus des pyramides, il attire tous les regards, du chamelier au sphinx de Gizeh qui lèvent tous deux la tête… Point n'est toujours besoin de publier une scène avec des décors compliqués, un simple élément peut suffire s'il en est arrivé à devenir une icône représentative à lui seul de toute l'Égypte antique[5], comme la coiffure pharaonique, le némès, ou encore le disque ailé, revu en 1923 façon Art déco par les avions Voisin, ou utilisé dans une forme plus « égyptienne » par les huiles Toneline.

On doit admettre que l'art égyptien, avec ses lignes souvent épurées, s'adapte fort bien à l'expression graphique des années 1915 à 1930. De fait, la représentation du monde particulièrement originale créée par les Égyptiens anciens demeure proche de l'esthétique moderne et surtout a appris à cohabiter avec les modes de toutes les époques, à s'y intégrer, et elle y réussit remarquablement bien, ce qui explique sa survie quelles que soient ses utilisations[6].

Par ailleurs, la publicité rejoint directement la peinture d'histoire et les spectacles scéniques, puis le cinéma[7]. Peut-être même la publicité est-elle encore plus directe et incitative en plongeant celui qui la subit dans un monde onirique auquel il est forcé d'adhérer d'emblée. Le mythe de l'Égypte, créé par l'Occident, est ici particulièrement à son aise, offrant le merveilleux d'un monde original et lumineux. Ainsi le rêve, la poésie, l'humour, le délire même sont largement présents dans les publicités à l'égyptienne, garants de leur succès.

Logo des avions Voisin, publicité pour les voitures Voisin, *L'Illustration*, 19 avril 1930.

Couverture d'un guide de graissage des huiles pour automobiles Toneline, Paris, 1929.

Page de gauche
« Indestructible comme les Pyramides, la camionnette Unic est inusable », *L'Illustration*, 1923.

CLÉOPÂTRE, NÉFERTITI, RAMSÈS, TUT ET LES AUTRES

Le principe de l'identification est un autre des points fondamentaux de la démarche des publicitaires : la personne touchée par une publicité doit s'imaginer être la reine ou le pharaon représenté. Il faut donc laisser à penser qu'en achetant tel ou tel produit on acquiert en même temps la beauté et la puissance des personnalités évoquées. Ainsi en est-il des pharaons et des reines d'Égypte, et même de certains dieux et déesses, comme Isis, dont on utilise le nom pour baptiser des modèles de chaussures (nombreux modèles Isis aux États-Unis dès 1923, et chez Heyraud en France en 1933).

En ce qui concerne les femmes, c'est bien sûr à travers le concept de beauté que se fait la transmission, essentiellement dans le domaine des savons, cosmétiques et sous-vêtements. C'est là que Cléopâtre excelle vraiment, nimbée qu'elle est aussi d'une certaine dose de scandale. Palmolive instille savamment dans ses publicités le nom de la reine, sans, pour ainsi dire, que le personnage apparaisse jamais[8], et seul le texte laisse filtrer une part de secret : ces produits, fabriqués d'un mélange d'huile de palme et d'huile d'olive, utilisent « une antique recette chère à la reine d'Égypte ».

Curieusement, Cléopâtre est également présente sur un autre marché, celui du soda vendu sous la marque Cleo Cola[9], mise en valeur par la publicité de l'époque comme la reine des boissons gazeuses (« *Queen of sparkling drinks* »). Mais un procès pour utilisation abusive d'un nom et d'un graphisme trop proches fut intenté en 1942 par Coca-Cola. Il était reproché aussi à la reine d'Égypte d'apparaître trop dévêtue, ce qui était susceptible de choquer les enfants qui emportaient les bouteilles en pique-nique. Elle était en effet représentée sur les panneaux publicitaires en meneuse de revue de music-hall, proche de Claudette Colbert dans le film de Cecil B. DeMille, posant les seins presque nus, devant un éventail de plumes d'autruche. Les étiquettes corrigeront cela au profit d'une sphinge aux lignes modernes.

De son côté, le pharaon Ramsès – nom générique, car peu importe son numéro – représente le parangon de l'homme à séduire ou de l'homme prêt à séduire. Un premier exemple nous est donné par la société Bichara, qui crée à partir de 1913, pour son parfum Chypre, des flacons en cristal de Baccarat à tête pharaonique dont la particularité était de reproduire les traits de monsieur Bichara lui-même. Mais c'est en fait le parfum Ramsès, créé à Paris par Léon de Bertalot, qui fixe le mieux les règles du genre.

Plaque métallique lithographiée (réédition) pour les sous-vêtements Rameses, fabriqués par Wolsey Ltd, Angleterre, et commercialisés avec cette représentation pharaonique dans les années 1910-1930.

Page de gauche
Étiquette d'une bouteille de boisson gazeuse Cleo Cola, société active aux États-Unis entre 1935 et 1945.

Étiquette pour des agrumes King Tut Brand, Lemons, Johnston Fruit Co., Santa Barbara, Californie, vers 1925.

« Old Tut had taste », **carte publicitaire pour les produits Gardner, 1923.**
« J.W.G., who was in Egypt about the time that King Tut's tomb was discovered, casually turned this photograph over to us the other day. "Isn't it wonderful", he remarked, "how you find Gardner products everywhere?" As we looked at this remarkable photo, and saw the cause for the comment, we feebly nodded our agreement that "Old Tut had Taste".» **Gardner Governor Company.**

S'il est étonnant de voir associé, en 1917, le parfum Secret du sphinx avec un vase canope en cristal à tête humaine, le thème se décline de plusieurs manières fort différentes et moins funèbres : en 1919, c'est une tête pharaonique tout entière qui devient flacon sous le nom Un rêve sur le Nil. Et c'est encore Ramsès qui transparaît avec le flacon à parfum Bichara reproduisant en 1928 l'obélisque de la place de la Concorde[10].

Le pharaon est également présent, comme quasiment tout le domaine égyptien, en tant que marque de cigarettes : Rameses « The Aristocrat of Cigarettes », avec ses publicités et boîtes en tôle lithographiées à décors égyptiens. Au Royaume-Uni, ce sont des sous-vêtements masculins qui empruntent à Ramsès son nom et son image, tandis qu'aux États-Unis il va régner sur le domaine des préservatifs. C'est en 1882 que l'immigrant allemand Julius Schmidt[11] fonda à New York l'une des sociétés de fabrication de préservatifs les plus florissantes d'Amérique. Dans les années 1920, la publicité pour ce type de produit vendu sous le manteau était encore inimaginable, et il fallut utiliser des idées commerciales qui rejoignent les thèmes en vogue dans le cinéma muet, et tout particulièrement l'Orient. C'est ainsi que deux sous-marques ont participé à la notoriété du groupe : Ramses et Sheik. Une société concurrente commercialisait de son côté la marque Sphinx. Il est difficile de comprendre comment le nom de Ramsès a été choisi comme marque de préservatif, alors que l'on sait que Ramsès II eut tant d'enfants !

Tandis que Néfertiti n'est encore guère présente dans le secteur publicitaire, Toutankhamon tient, lui, la vedette, et cela de manières très diverses[12]. Tout d'abord par l'attrait de l'actualité, avec le nom commercial King Tut qui désigne des fruits et légumes, « Lemons », « Rhubarb » et « Sweet Peas ». L'intérieur de la tombe est même utilisé pour une publicité pour des dattes, avec cette légende, « *Discovered among the Treasures of King Tut-ankh-Amen* », Dromedary Dates (1923), ou encore pour des objets manufacturés, comme les compresseurs de la Gardner Governor Company, dont on trouve sur une carte postale publicitaire un exemplaire parmi les objets de la tombe, avec cette légende : « *Old Tut had taste* ». À la même époque, un antiquaire du Caire profite de cet engouement pour se dédouaner en invoquant le pharaon et les dieux :

> « *O Great Tut' Ankh Amon, where can we buy real Egyptian antiquities ?*
> *– Where else than at Nicolas Tano's [...] who since 1870 has been charges by the Gods & Kings of Egypt, to sell their genuine treasures, and where the leading Museums of Europe and America, make their purchases.* »

L'utilisation du nom – et de la personne – du jeune pharaon ne s'arrête pas là. On lui fait vendre un médicament contre la constipation, la Rectopambiline (1923), avec un slogan étonnant : « Rassure-toi, impérissable Tut-Ankh-Amon. La science moderne, perfectionnant nos anciennes méthodes, guérira ta constipation... malgré ses trois mille ans. » On le fait participer aussi à la promotion de plusieurs autres produits, dont le dentifrice Dentol dans le cadre de la campagne « Le Dentol à travers les âges », où on le voit sortir de sa tombe et asséner : « Vous ne savez pas lire, ignorant Immortel, que je dois au Dentol mon sourire éternel. » Il sort une seconde fois de son sarcophage, au grand ébahissement de l'assemblée des fouilleurs, pour présenter un pot de Robbialac, émail à froid, en disant : « Je "fais" encore jeune pour mes cinq mille ans, n'est-ce pas ? Mais pourquoi vous en étonner, vous qui possédez maintenant le secret de la longue conservation : le Robbialac, le merveilleux "émail à froid" pour autos, cycles, motos, etc., la "peinture laquée" incomparable. » De même, on vend sous son nom, en Amérique, une crème cosmétique baptisée Tutenkamen, et le talc... Lady Tut.

Carte publicitaire pour l'antiquaire Nicolas Tano, Le Caire, 1925. *« O great Tut'Ankh Amon, where can we buy real Egyptian antiquities ? Where else than at Nicolas Tano's, 7, Shareh Kamel (Opposite Shepheard's Hotel), Cairo-Egypt, who since 1870 has been charged by the Gods & Kings of Egypt, to sell their genuine treasures, and where the leading Museums of Europe and America, make their purchases.* »

Henri Konrad Wagner, carte publicitaire pour la Rectopanbiline, médicament pour soigner la constipation, 1923. « Rassure-toi impérissable Tut-Ankh-Amon. La science moderne, perfectionnant nos anciennes méthodes, guérira ta constipation… malgré ses trois mille ans… »
Mention en bas à gauche : G. Deberque, imprimeur, Paris.
L'image est signée H. K. Wagner (Henri Konrad Wagner) [le K est fait d'une sorte de hiéroglyphe], un illustrateur alors établi à Paris, qui participait notamment à *L'Assiette au beurre*.

TOUT-ANK-HAMON SORT DE SA TOMBE

— Je « fais » encore jeune pour mes 5.000 ans, n'est-ce pas ? Mais pourquoi vous en étonner, vous qui possédez maintenant le secret de la longue conservation : le **Robbialac**, le merveilleux *Email à froid* pour autos, cycles, motos, etc., la *Peinture laquée* incomparable.

TOUT-ANK-AMON

Vous ne savez pas lire, ignorant Immortel,
Que je dois au DENTOL mon sourire éternel.

Publicité pour le produit dentifrice Dentol (« Le Dentol à travers les âges ») Tout-Ank-Amon : « Vous ne savez pas lire, ignorant Immortel, que je dois au Dentol mon sourire éternel », *L'Illustration*, 18 avril 1925.

Boîte en tôle lithographiée, marque Tuten Kamen Cosmetic Cream, USA, vers 1923.

Page de gauche
Publicité pour la peinture laquée Robbialac. « Tout-Ank-Hamon sort de sa tombe » : « Je fais encore jeune pour mes 5 000 ans, n'est-ce pas ? Mais pourquoi vous en étonner, vous qui possédez maintenant le secret de la longue conservation : le Robbialac, le merveilleux émail à froid pour autos, cycles, motos, etc., la peinture laquée incomparable. » *Le Petit Journal illustré*, 14 mars 1926.

L'ART AU SERVICE DE LA PUBLICITÉ : PALMOLIVE

Warren W. Baumgartner, Palmolive, détail de l'annonce, *The Ladies' Home Journal*, juillet 1923.

Page de droite
Palmolive Soap, « *If the Sphinx could tell her Secrets* », *Metropolitan*, sans date, vers 1920.

« Un secret de beauté vieux de trois mille ans, aussi vieux que les pyramides. » C'est en 1916 que la société Palmolive décide de lancer, sous l'égide de Cléopâtre, une campagne publicitaire sans précédent. Le sujet en serait donc égyptien, mais une Égypte en miroir, donnant à voir autant l'Antiquité que le monde moderne, comme si le second découlait directement de la première, ou du moins lui était intimement lié. Des pleines pages en couleurs et des doubles pages en sépia vont ainsi inonder les magazines américains, puis dans une moindre mesure européens, entre 1916 et 1929. Les slogans sont limpides : le savon Palmolive[13] n'est pas un simple agent nettoyant, mais une recette de beauté qui permet de garder la jeunesse, à partir de formules ancestrales à base d'huile de palme et d'olive déjà utilisées par les Égyptiens de l'Antiquité.

Afin de donner à cette opération une ampleur inédite, la société de Milwaukee s'adresse à des artistes américains de talent bien intégrés dans leur époque, dont la vocation n'était pas du tout la publicité et qui tous acquerront à un titre ou à un autre un grand renom. Le peintre Willy Pogány, plus tourné vers l'Art nouveau, ne participe qu'au début par de grandes scènes antiques apparaissant en pleines pages. Les artistes suivants, plus novateurs et liés à l'esprit Art déco, ont pour nom Neysa McMein, illustratrice et portraitiste, Rolf Armstrong, qui s'était spécialisé dans la figuration de pin-up ou *Dream Girls*, Coles Phillips et Frank Xavier Leyendecker. Tous étaient chargés des représentations féminines à la mode, tandis que Warren W. Baumgartner, spécialisé dans l'illustration des romans de gare (*Pulp Magazines*), devait réaliser un grand nombre des scènes égyptiennes occupant le bas des annonces. En quoi consistaient les commandes ? Il fallait intégrer les illustrations de chaque côté d'un texte vantant les mérites de la marque et de ses produits. L'image du haut avait pour cible la femme au foyer, de toute classe sociale, qui devait s'identifier aux riches et belles jeunes femmes représentées, au teint resplendissant et aux activités variées, sport, voyage, vie culturelle et familiale, souvent entourées de toute une cour d'admirateurs. Il convenait donc de proposer une image actuelle et de répondre aux préoccupations des lectrices (comment me regarde mon mari, comment rester belle[14], jeune et dynamique, tout en assurant des maternités…), et, comme c'était le cas du cinéma, à leurs rêves. On n'est donc guère étonné de voir se dérouler au bas des annonces des sortes de péplums égyptiens sur papier. Les scènes égyptiennes vont de la toilette à des représentations de fastueuses réceptions traitées à la manière Art déco. Les décors sont luxueux, les végétations luxuriantes, les costumes somptueux, des trésors sont étalés aux yeux des convives, bref il s'agit d'une Égypte de cinéma, transposée dans la publicité.

Brett Litho. Co., N. Y.

You couldn't buy it at the drug store 3000 years ago

The elegant Egyptian had her "Palmolive," but it came by sea and caravan from far countries, in the form of the Palm and Olive oils esteemed as the greatest of all toilet luxuries.

The crude combination of these costly oils produced a mild and beneficial cleanser. *Today* their *scientific combination* gives fortunate modern women the mild and beneficial lather of

PALMOLIVE SOAP

If you could see the immaculate factory in which PALMOLIVE is made, how every process is mechanical, the pleasure of its use would be heightened.

The oils that produce its fragrant, creamy, profuse lather are those that ancient Egypt prized.

B. J. JOHNSON SOAP COMPANY, INC.
MILWAUKEE, WIS.
Canadian Factory: 155-157 George St., Toronto, Ont.

Palmolive soap heads a complete line of splendid toilet specialties—Palmolive shampoo, cold cream, vanishing cream, face powder, price 50 cents each; Palmolive talcum and shaving stick, price 25 cents each. If your dealer does not carry a full stock, write us direct, enclosing price of article desired. Week-end Package, containing seven Palmolive specialties, mailed for 25 cents in stamps.

Coles Phillips, Palmolive,
« *The Cosmetic of Cleopatra* »,
The Ladies' Home Journal,
octobre 1920.

Coles Phillips, Palmolive,
« *Not a Day Older* », *The Ladies' Home Journal*, mars 1923.

Page de gauche
Coles Phillips, Palmolive Soap,
« *You couldn't buy it at the drug store 3000 years ago* », *The Ladies' Home Journal*, février 1917.

AUTRES GRANDES CAMPAGNES PUBLICITAIRES À L'ÉGYPTIENNE

Palmolive n'a pas été la seule société à construire alors sur l'Égypte toute sa communication. Par exemple, le fabricant de peintures Egyptian Lacquer va présenter, pendant une dizaine d'années, des références picturales liées à son nom et à ses logos (Isis les ailes entrouvertes, ou encore la tête du grand Sphinx de Gizeh au centre du disque ailé). Les publicités sont très variées, montrant de fausses fresques égyptiennes dans le goût de celles des couverts de table Alvin, des Égyptiens de l'Antiquité au travail ou en train de se distraire, des représentations du Sphinx, ou même des couvertures de catalogue mêlant des éléments égyptiens à des illustrations Art déco montrant voitures et jeunes conductrices… Le but est de donner de la marque une impression de luxe et de richesse, que l'on retrouve dans les bâtiments de ses succursales ostentatoires, comme un véritable temple égyptien – aujourd'hui disparu – à San Francisco et une façade également égyptienne d'une autre de ses succursales à Chicago.

Les autres campagnes quasi permanentes pendant la période sont celles qui assurent la promotion de marques de cigarettes, qu'elles soient turques ou égyptiennes, dont en particulier Rameses, Melachrino, Mogul et Egyptian Deities, cette dernière s'appuyant tout particulièrement sur une adaptation Art déco des éléments décoratifs égyptiens.

« ***The soft glow… The rich color… The living lustre… of Egyptian Lacquer*** », **détail de l'annonce, *The Saturday Evening Post*, 16 juillet 1927.**

Page de droite
« ***When you inquire about finish, say "Is it Egyptian Lacquer ?"*** », ***The Saturday Evening Post*, sans date, vers 1925.**

Egyptian Deities, marque de cigarettes de la société S. Anargyros, *Country Life*, septembre, octobre et novembre 1919.

EGYPTIAN
DEITIES
"The Utmost in Cigarettes"
Plain End or Cork Tip
People of culture and refinement invariably PREFER Deities to any other cigarette.
S. ANARGYROS
EGYPTIAN DEITIES
Egyptian DEITIES
No. 3
SUPERFINE
TRADE MARK REGISTERED
FACTORY AND DEPOT NEW YORK
30¢
S. Anargyros
Makers of the Highest Grade Turkish and Egyptian Cigarettes in the World

Machine à écrire Underwood portable, devant le temple de Deir el-Bahari, *Life*, 31 mai 1923.

Page de droite
Voiture Renault devant les colosses de Memnon, gravure de Draeger, *L'Illustration*, 26 mai 1923.

EXPLOITATION D'UNE ÉGYPTE FANTASMÉE

À côté de ces campagnes publicitaires démesurées, la grande majorité des sociétés faisait appel à l'Égypte d'une manière plus ponctuelle, dans la mesure où elles pouvaient établir des liens plausibles avec leurs activités. Les paysages d'Égypte, les pyramides ou le Sphinx de Gizeh sont utilisés par les annonces de compagnies maritimes ou d'agences de voyages, mais aussi par des produits aussi divers que les machines à écrire Underwood portables (1923), les phares Blériot ou les voitures Renault. On trouve des adaptations des décors des tombes à la mode Art déco (couverts Alvin, 1923), et même des reconstitutions de scènes avec des personnages à l'égyptienne (couverts Towle, 1923). La modernité des années 1920 est mise en parallèle avec celle de l'Antiquité égyptienne, qui apparaît comme garante d'une qualité inégalée à son époque. Ainsi, dans le domaine de l'évolution des moyens de transport, les voitures Packard (1930) ou Wilson Built Body représentent certainement un confort parfait, sans que le char égyptien qui leur est associé, et qui reste pour son temps une référence de modernité, voie ses qualités de légèreté, de vitesse et d'efficacité remises en cause. Car chacun reste une référence de son époque.

C'est ainsi que d'autres qualités prêtées à l'Égypte ancienne sont reprises à leur compte par les publicitaires, comme la durabilité des pyramides et du Sphinx, qui résistent et défient le temps (Michelin, 1917-1920 ; voitures Rochet-Schneider, 1928 ; Wheeling Steel, 1931). De même, la puissance musculaire des masses qui ont édifié les pyramides se mesure à la force et à l'endurance des moyens modernes qui permettent de faire mieux, plus vite et moins cher (Continental Motors, 1920 et 1928 ; Twin Disc, tracteur Caterpillar, 1926 ; systèmes de levage Yale, 1914). Les qualités secrètes du sphinx sont également invoquées, qu'il parle (« Mange ta soupe chaque jour », dit le sphinx de Campbell's Soups à une petite fille en 1923) ou reste silencieux (Sphinx Motor Car Company, 1915 ; aspirateurs et cireuses Electrolux « Sous le signe du silence », 1930).

Enfin, le luxe et la richesse restent évidemment des valeurs sûres, auxquelles se réfèrent plusieurs constructeurs automobiles, ou encore les gants Neyret, qui sous le nom Sphinx montrent le summum de la distinction égyptienne associée au chic français. Luxe aussi avec les bijoux, dont une publicité de 1926 pour Elgin constitue peut-être la quintessence de la période Art déco mêlée à l'Égypte ancienne.

DRAEGER. SC.

RENAULT

Édité par les Automobiles RENAULT, Billancourt (Seine).

Poste de distribution d'essence en forme de pharaon, Angleterre, années 1930. Plusieurs stations de ce type ont été installées, notamment dans les quartiers périphériques de Londres.

Rochet-Schneider, la voiture de qualité, défie le temps, *L'Illustration*, 1er décembre 1928.

Sphinx publicitaire de grande dimension (60 cm de long) en faïence, destiné aux vitrines des revendeurs de la marque Sphinx, société Petrus Regout, Maastricht, 1930. Collection Jean-Marcel Humbert.

Le gant Neyret vous recommande sa qualité « Sphinx », *L'Illustration*, 1933.

Maquette publicitaire de graphiste, original, gouache sur carton, signé A. Fuchs : « *The charm of the early Egyptian is reflected in our modern creations* », États-Unis, vers 1925.

Page de droite
« ***He did his gift shopping at the jewelers !*** », **publicité des montres Elgin, *The Ladies' Home Journal*, avril 1926.**

The Pectoral and Necklace of Princess Sat-hathor-iunut

Made of gold, carnelian, lapis lazuli and green felspar, and dating back to the dynasty of King Senusert, who reigned in Egypt from 1887 to 1806 B. C. Discovered by Prof. W. M. Flinders Petrie in 1914, and now the property of the Metropolitan Museum of Art, New York City.

He did his gift shopping at the jewelers!

A PURCHASE FROM YOUR JEWELER IS AN INVESTMENT IN PERMANENT VALUES

MEN and nations pass. But their jewels remain.

Of all the possessions of ancient civilizations, the most enduring have been the tokens wrought in precious stone and metal.

Gone are the palaces of Egyptian kings; their gorgeous apparel and equipages. But scattered among the museums of today, in all parts of the world, many of their jewels are still intact; more beautiful and infinitely more valuable than ever.

Today, as always, a purchase at the jeweler's is an investment in permanent values.

Jewelry is one of the few luxury-commodities which can be "consumed" year by year, decade after decade, without materially lessening the quantity or quality of the basic value!

Building up a line of jewelry means building up an asset-heritage for future generations, while enjoying the delight and charm of beautiful adornment in the building.

The jewelry business is among the fastest-growing in America, because, more and more, keen Americans are putting their shopping money into imperishable values.

LORD *and* LADY ELGIN

An Elgin watch should be a part of the "life-estate" of every man and woman. There is no finer personal possession—for life-long service and value-constancy, at $15 to $1700.

ELGIN

THE WATCH WORD FOR ELEGANCE AND EFFICIENCY

NAME ADDRESS

Send for the TINY TREASURE BOOK, *a delightful little brochure of Gift Facts · Elgin National Watch Company, Dept. 23, Elgin, Ill.*

LES ENTITÉS TOUCHÉES

Nombre de marques[15], de noms d'hôtels, motels, restaurants ou cafés sont touchés par l'égyptomanie, mais bien évidemment ce sont les publicités commerciales qui ont la plus grande visibilité du fait de leur présence dans les magazines à grand tirage. Il est quasiment impossible de lister tous les produits ayant bénéficié du soutien de l'Égypte ancienne, tant ils sont nombreux. Mais ils répondent en général à quelques règles précises. Tout d'abord, ils doivent avoir un lien réel ou supposé avec l'Égypte, du point de vue de leur origine ou de leur histoire : ainsi le blé, l'huile (Toneline), le tabac[16], les dattes, la levure et le coton (draps Jumel, velours Memphis, panne Sesostris). Le dentifrice, qui serait né en Égypte, a également droit de cité, du moment qu'un sourire étincelant en découle[17], comme c'est le cas avec les brosses à dents du Dr. West's, qui donnent au grand Sphinx de Gizeh un sourire d'une blancheur éclatante.

Qu'il s'agisse de vendre un parfum ou une savonnette, ou encore d'attirer l'acheteur potentiel dans un commerce, la publicité égyptisante excelle dans l'art d'apporter une part de rêve et d'humour et dans celui d'utiliser les courants culturels du moment. Entre symbolique et imaginaire, l'Égypte et l'égyptomanie séduisent tous les publics et ont, de ce fait, constitué deux des médias incontournables de l'expression publicitaire de l'époque Art déco. Le public est très consciemment séduit par l'Égypte, et plus ou moins inconsciemment par l'égyptomanie, dont il sait en tout cas parfaitement décrypter les messages. La floraison des thèmes égyptiens dans la publicité confirme la vitalité du phénomène et sa capacité à trouver de nouveaux modes d'expression. Et, de fait, l'Égypte ancienne apparaît de plus en plus dans beaucoup de domaines comme « la » référence.

« L'Égypte antique créa des chefs-d'œuvre immortels, l'Égypte moderne nous offre les plus beaux cotons du monde », publicité pour les tissus Jumel, *L'Illustration*, 1934.

L'ILLUSTRATION 16 NOVEMBRE 1935

mortels, l'Egypte moderne nous offre les plus beaux cotons du monde.
et vous aurez des cotons égyptiens souples, brillants, résistants,
illés par les plus habiles filateurs et tisseurs de France.

« *The Secret Revealed !* », **Dr. West's Tooth Brush, *The Companion for all the Family*, 25 septembre 1924.**

Page de droite
La panne Sesostris des soieries F. Ducharne, *L'Art et la mode*, 20 octobre 1923.

NOTES

1. Jeffrey L. Cruikshank et Arthur W. Schultz, *The Man Who Sold America, The Amazing (but True!) Story of Albert D. Lasker and the Creation of the Advertising Century*, Harvard Business Review Press, 2010. Voir aussi David Colon, *Les Maîtres de la manipulation : un siècle de persuasion de masse*, Paris, Tallandier, 2021. **2.** *Cf.* Claude-Françoise Brunon, « Égypte et publicité », dans *Images d'Égypte de la fresque à la bande dessinée*, actes des journées d'étude CEDEJ-IFAO « L'Égypte dans l'iconographie et la bande dessinée » (Le Caire, 1987), Le Caire, 1991. **3.** Jean-Marcel Humbert, « Plaidoyer pour l'égyptomanie, ou comment s'approprier une Égypte fantasmée », dans Miguel John Versluys, *Beyond Egyptomania, Objects, Style and Agency*, actes du colloque d'experts qui s'est tenu à Leiden les 21 et 22 janvier 2016 sous la direction de Caroline van Eck et Miguel John Versluys (université de Leyde), Leyde, 2020, p. 39-52, 254-257 et 325-332. **4.** Pierre Fresnault-Deruelle, *Les Images prises au mot*, Paris, Médiathèque, 1989. **5.** *Cf.* Jean-Marcel Humbert, « Icônes pharaoniques et égyptomanie », dans Guillemette Andreu et Frédéric Mougenot (dir.), catalogue de l'exposition *Pharaons superstars*, Marseille, Mucem, 22 juin-31 octobre 2022, Marseille, 2022, p. 73-83 et 245. **6.** *Cf.* Jean-Marcel Humbert, « Cléopâtre sur les murs, la publicité à l'égyptienne », dans Jean-Marcel Humbert (dir.), *France-Égypte, dialogues de deux cultures*, Paris, 1998 ; catalogue de l'exposition *La Publicité à l'égyptienne*, Angoulême, musée du Papier-Le Nil, 1998, p. 12 et 14 ; Jean-Marcel Humbert, « Et Cléopâtre ? », dans Eugène Warmenbol (dir.), *Beautés d'Égypte, « Celles que les ans ne peuvent moissonner »*, catalogue de l'exposition du musée du Malgré-Tout à Treignes (Belgique), 2002, p. 84-85. **7.** *Cf.* Jean-Marcel Humbert, « Le péplum égyptisant, de la peinture au cinéma », dans Sabine Haupt, Cathie Spieser et Michel Viegnes, actes du colloque « Ton rêve est une Égypte. L'imaginaire de l'Égypte pharaonique dans la littérature et les arts », université de Fribourg, 5-7 mars 2020, Würzburg, 2021, p. 15-33. **8.** *Cf.* Bob Brier, catalogue de l'exposition *Egyptomania*, Brookville, Hillwood Art Museum, 1992, couverture et fig. 6, p. 17, 7, p. 18 et p. 52 ; et le catalogue de l'exposition *The Sphinx and the Lotus: The Egyptian Movement in American Decorative Arts 1865-1935*, Yonkers, The Hudson River Museum, 1990, fig. 23, p. 26. **9.** Compagnie de sodas Whistle (Cleo Syrup Corporation of Saint Louis, Missouri, 1935). **10.** Cf. catalogue de l'exposition *Egyptomania* (musée du Louvre), coaut. Christiane Ziegler et Michael Pantazzi, édition en français, Paris, 1994, nos 376 à 379, p. 547 à 551. **11.** Orthographié par la suite « Schmid ». **12.** *Cf.* Jean-Marcel Humbert, « Néfertiti et Toutankhamon, deux icônes du XXe siècle », dans Arnaud Quertinmont et Valentin Boyer, *Égyptomanie et ex-libris*, catalogue de l'exposition à la Maison de l'imprimerie de Thuin (Belgique), du 7 septembre au 10 décembre 2022, à paraître en 2022 ; Jean-Marcel Humbert, « "King Tut" ou la Tut-mania pour tous », dans Simon Connor et Dimitri Laboury (dir.), catalogue de l'exposition *Toutankhamon, à la recherche du pharaon oublié*, Liège, 14 décembre 2019-31 décembre 2020, p. 302-309. *English Edition* : Jean-Marcel Humbert, « "King Tut" and the Worldwide Tut-mania », dans Simon Connor and Dimitri Laboury (dir.), *Tuthankamun, Discovering the Forgotten Pharaoh Exhibition*, Liège, 14 décembre 2019-31 décembre 2020, Liège, Presses universitaires de Liège, 2020, p. 302-309. **13.** Jean-Jacques Boutaud, « L'image en propre du savon dans la publicité. Un quotidien lavé de tout soupçon », dans *Le Savon, bains, bulles & beautés. Une histoire de la toilette et du savon du XVIIIe au XXIe siècle*, Paris, Éditions Gourcuff-Gradenigo et Musée international de la parfumerie, Grasse, 2014, p. 92-104. **14.** Lison Bertrand, *Le Mythe de l'éternelle jeunesse dans le discours publicitaire au Québec (1920-1950)*, mémoire de maîtrise, université du Québec à Trois-Rivières, 1989. **15.** Caroline Epiney, *L'Adaptation de publicités de marques internationales aux cultures locales*, mémoire de maîtrise en communication, université du Québec, Montréal, 2011. **16.** Myriam Tsikounas (dir.), *Les Images publicitaires en faveur des substances psychoactives (1873-1987), étude sémio-historique*, université de Paris I Panthéon Sorbonne, Paris, 2003. **17.** Édouard Cholet, *Le Sourire publicitaire*, thèse pour le doctorat en chirurgie dentaire, université de Bordeaux, 2015 (en ligne : https://dumas.ccsd.cnrs.fr/dumas-01171328).

LA
PANNE
SESOSTRIS
Soieries
F. Ducharne
20 Rue de la Paix à Paris

LE SPHINX

Au cours d'un voyage en Egypte, le célèbre metteur en scène Alban Ramon, rencontra une jeune fille, nommée Mitka, d'une telle beauté qu'il voulut la décider à faire du cinéma. Mais celle-ci refusa. De retour à Paris, il cherchait à réunir une troupe pour aller tourner, sur place, un film égyptien, lorsqu'il reçut une lettre de Mitka. Bien des événements funestes lui étaient survenus. Elle était maintenant seule au monde...

...et décidée à suivre les conseils de Ramon. Un mois plus tard, Mitka rejoignit le metteur en scène. Elle prit quelques leçons, et bientôt il s'avéra qu'elle avait autant de talent que de beauté. Un concurrent d'Alban eut vent de l'affaire et résolut de lui enlever la magnifique star. Il lui fit des propositions superbes, qu'elle refusa. La troupe définitivement formée s'embarqua pour l'Egypte.

Les scènes les plus nombreuses et les plus capitales devaient se passer auprès des pyramides. Un Sphinx d'abord filmé ensablé jusqu'au cou, devait soudain, suivant le scénario, sortir de son sommeil, parler, apprendre aux humains des choses curieuses. Et Mitka seule pourrait approcher du monstre sorti de son immobilité séculaire. Lorsque les scènes du Sphinx ensablé furent tournées, il fallut le déblayer.

Des indigènes et des nègres furent requis pour ce travail qui leur semblait sacrilège et les épouvantait. Mitka, heureusement, en leur langue, pouvait les rassurer. Cependant les travaux avançaient avec une lenteur désespérante, On eût pu croire qu'une volonté toute puissante était contraire aux desseins du cinéaste. Le premier jour, un homme tomba du haut du Sphinx et se tua, puis un autre se blessa avec son outil, un troisième fut piqué par un serpent.

Le film était parlant, c'était un phonographe, placé derrière la statue, qui donnerait l'illusion de la voix du Sphinx. Or une nuit, où, seul dans le camp, Alban veillait, un son terrible retentit. Le Sphinx parlait... mais ce n'étaient point les paroles enregistrées sur le disque qui résonnaient... D'ailleurs Ramon qui avait bondi auprès de la statue ne découvrit pas le moindre phono.

Cependant, une voix qui semblait sortir du sable disait : « O vous, ouvriers sacrilèges qui avez osé toucher le sable qui me couvre, ma colère est sur vous, vous périrez par le feu et par l'eau du Nil, mais vous avez encore un moyen de calmer ma colère : prenez Mitka et portez-là à l'oasis la plus proche. » Soudain, ce fut une panique folle. Malgré sa résistance, Mitka fut enlevée. Alban reçut une légère blessure en la défendant.

Et quand les Français, une heure après les ouvriers, atteignirent l'oasis, Mitka ne s'y trouvait plus. Le metteur en scène soupçonnait son concurrent. Aidé de ses collaborateurs, le malheureux entreprit des recherches qui restèrent vaines. Le temps passait. Au cours d'une sortie, Alban fut frappé d'insolation, on le conduisit en toute hâte à l'hôpital de la ville voisine. Il ne tarda pas à se remettre.

Il remarqua alors qu'il avait, pour compagnon de chambre, un homme qui ressemblait fort à l'un de ses anciens ouvriers. Celui-ci délirait et prononçait des paroles sans suite : « Seize pas... et la porte... seize pas... le couloir... la pyramide... » Malgré l'incohérence de ces phrases, Ramon, qui les écoutait passionnément, put en tirer l'ombre d'une piste. Aussitôt sur pied, aidé de ses amis, il compta seize pas en tous sens auprès de la pyramide.

Après de patientes recherches, il trouva enfin une porte très étroite, parfaitement dissimulée. Cette porte fracturée, la petite troupe s'engagea dans un long couloir conduisant à une immense salle, inconnue des Européens, pleine de momies et de richesses. Il importait de prévenir au plus tôt les hautes personnalités compétentes. C'était la gloire pour le cinéaste. Après avoir traversé la grande salle, ils pénètrent dans une autre, plus petite, que gardait...

...une sentinelle, si épouvantée à leur vue, qu'elle ne résista pas. Etendue sur un divan, ils aperçurent Mitka. Ramon donna comme scénario à son film les faits exacts qui amenèrent la découverte des momies. La révélation de la conduite déloyale de la maison concurrente réduisit celle-ci à la faillite. Le moyen employé par son directeur pour faire parler le Sphinx était simple. Une ligne téléphonique passait sous le sable. Il s'était dissimulé à quelque distance...

...dans un repli de terrain et le monstre parlait par sa voix. Il n'avait pas conduit Mitka à l'oasis, cette phrase était destinée à y faire aller les Français. Le rusé mit à profit leur absence pour retirer le câble du sol. Ce qui explique pourquoi les fouilles de Ramon restèrent vaines. Après l'enlèvement, une violente discussion éclata entre Mitka et son ravisseur; il voulut la tuer. La jeune fille implora, en sa langue, les ouvriers.

Un veillard eut pitié de sa jeunesse. Pour la protéger il l'a conduisit à la pyramide et laissa son fils comme sentinelle auprès d'elle. Lui-même, avec des précautions infinies, leur apportait des vivres. De sorte que les deux cinéastes perdirent leur vedette presque à la fois. Par bonheur, Alban, grâce à son énergie, parvint à la retrouver. Le metteur en scène et la star poursuivent ensemble leur existence faite de travail et de succès bien mérités.

(Dessins de J. OSSIPP.)

1932. — Fontenay-aux-Roses. — Imp. Louis Bellenand et Fils. Le Gérant : A. QUÉROL.

BANDELETTES, MOMIES ET P'TITES BÉDÉS

Hubert Cavaniol

Yvonne Girault, « Le Pharaon Tout-Ank-Amon », *Les Livres roses pour la jeunesse*, n° 693, 1er août 1938. Illustration d'Yvonne Girault.

Page de gauche
J. Ossipp, « Le Sphinx », *Les Belles Images*, n° 1470, A. Fayard & Cie, 17 novembre 1932.

D'outre-Quiévrain, jusqu'aux confins de la Nubie, en passant par le plateau de Gizeh, deux créateurs de bandes dessinées règnent sans partage depuis des décennies sur les planches à dessin. Hergé, bien évidemment, dont l'album *Les Cigares du pharaon*[1], publié en 1934, « fait figure de pionnier[2] », et Edgar P. Jacobs, qui s'imposera magistralement vingt ans plus tard avec *Le Mystère de la grande pyramide*[3]. Les auteurs naviguant aujourd'hui le long du Nil n'auraient-ils que ces deux seules sources d'inspiration ? La réalité est tout autre. Sous le sable, en creusant un peu, pelles et pioches de la curiosité mettent au jour un important corpus d'histoires évoquant l'Égypte dans la presse pour enfants de l'entre-deux-guerres.

LA PART DU SPHINX

« Allons, élève Champollion ! Occupez-vous donc un peu de ce que nous faisons en classe, au lieu de toujours penser à votre "Orient"[4]. » L'Égypte fait rêver les enfants. La presse illustrée reste leur espace privilégié d'imagination, pages ouvertes sur les océans, les pays lointains, les peuples indigènes, les explorateurs infatigables, les trésors inépuisables, la modernité des villes d'outre-Atlantique… Les publications sont nombreuses, elles fleurissent alors[5]. Quand Tintin débarque à Port-Saïd à la recherche du tombeau du pharaon Kih-Oskh, notre célèbre reporter n'est pas le premier à s'y être aventuré, il a été précédé par de nombreux personnages, égyptologues ou explorateurs en tous genres. Dans la période étudiée – 1918-1940[6] –, les magazines pour enfants *Benjamin*, *L'Épatant*, *Guignol*, *L'Intrépide*, *La Jeunesse illustrée*, *Lisette*…, participent tous, peu ou prou, à cet engouement d'égyptomanie éditoriale. La revue *Les Belles Images* va se tailler la part du sphinx, livrant moult histoires, feuilletons, séries ou contes dans des pages illustrées des merveilles et mystères de l'Égypte des pharaons. Les titres sont toujours évocateurs (*Une visite à Sésostris*, *Le Sphinx*, *La Momie du pharaon*, *Le Secret du sphinx*…), parfois effrayants (*La Colère du pharaon*, *Le Réveil de la momie*, *L'Embaumé vivant*, *La Vengeance du pharaon*…), et, pour ne rien gâter, que ce soit sous le soleil brûlant ou sous la pluie battante, la poésie des illustrés s'accorde à merveille avec la légende des campagnes de fouilles archéologiques : « […] Lord Tricastle, égyptologue distingué, habitait un château dans le comté d'Essex. » En 1939, venu du plat pays, *Le Journal de Spirou*[7] embarque quant à lui Spirou, Biscornu et Spip, aidés par Maître Papyrus, dans un très étrange feuilleton les emmenant à la recherche de Sosthène Silly, égyptologue et inventeur d'automate disparu en 1910.

Pour mesurer l'impact d'un événement, ou des goûts du moment, les embrouilles sorties de l'imagination des Pieds Nickelés sont toujours un bon indicateur. Rien d'étonnant donc à ce que l'on retrouve notre trio mettant à l'encan un sarcophage et sa momie afin de plumer le chaland[8]. Métamorphosés en commissaires-priseurs spécialisés en œuvres d'art les plus farfelues, nos trois acolytes vont provoquer une émeute lorsque seront mis aux enchères – ce sera le clou de la vente – un sarcophage et sa momie découverts lors de fouilles menées dans… le Forum romain ! « Il y eut dans l'assemblée des cris émerveillés… Cinq mille ! six ! sept ! dix ! quinze ! Des sommes fantastiques se succédaient. »

Louis Forton, « Les Nouvelles Aventures des Pieds Nickelés », *L'Épatant*, n° 1074, jeudi 28 février 1929.

Rob-Vel, « Les Aventures de Spirou », *Le Journal de Spirou*, n° 30, 27 juillet 1939.

Page de droite
S. Pania, « La Momie », *La Jeunesse illustrée*, n° 1427, 8 février 1934.

N° 1427 — 29e Année 35 Centimes 8 Février 1931

La Jeunesse illustrée

LA MOMIE, par S. PANIA

Ahmed et Chafick fabriquaient, au Caire, des fausses antiquités, ma foi fort bien imitées. Un jour, Ahmed fit admirer à son complice une statuette en bronze patiné particulièrement réussie, représentant la feue reine Athkopan XIV, qu'il venait de terminer. « Tu devrais bien, fit Chafick, la vendre au colonel Bliss, le riche collectionneur britannique. »

Le malhonnête Ahmed s'en fut donc offrir sa fausse antiquité au colonel qui l'acheta. Tout en opérant cette petite transaction commerciale, le faussaire avait promené un regard inquisiteur sur les collections rarissimes de son client. Il proposa à ce dernier de venir à sa boutique contenant, dit-il, des merveilles. Alléché, le colonel Bliss se rendit...

...au magasin des deux malandrins. Chafick lui fit admirer une momie dans son sarcophage. Le tout était en fort bon état (et pour cause). Le collectionneur accepta de s'en rendre acquéreur, mais après l'avoir, toutefois, soumis à un expert qui devait passer chez lui dans une huitaine de jours. Le marchand accepta la chose,...

...mais il demanda à ne livrer la momie au colonel que le lendemain, car il prétendait avoir à redonner un coup de vernis au sarcophage. Aussitôt seul avec Ahmed, il soumit à ce dernier son projet ingénieux et malhonnête. Ahmed, dûment entouré de bandelettes, prendrait la place de la momie.

Il s'introduirait ainsi chez le colonel, profiterait de la nuit pour faire main basse sur quelques bijoux de prix et réintégrerait sa boîte. Le lendemain, Chafick viendrait redemander sa momie en prétextant qu'il avait un acheteur plus généreux. Il rapporterait le sarcophage avec le voleur ainsi que les objets dérobés. Et le tour serait joué.

Ahmed se déclara d'autant plus partisan d'un si beau projet, que s'il devait être ligoté par les bandelettes, la chose serait fort peu pénible car ces dernières (c'était l'idée de Chafick) étaient en caoutchouc extensible et lui permettraient de marcher et même de se baisser pour pouvoir prendre, à ses pieds, le pain placé pour son alimentation...

...pendant sa courte détention. Le lendemain, Ahmed, ayant pris place dans le sarcophage, fut mis avec précaution dans l'automobile du colonel Bliss qui vint en personne chercher le précieux fardeau. Le collectionneur disposa la pseudo-momie dans la pièce où il renfermait ses précieuses collections. Il eut soin de la bien caler...

...contre un chapiteau de colonne. Le colonel ouvrit la porte du sarcophage et admira les hiéroglyphes inscrits sur les bandelettes. Mais baissant le regard, il avisa aux pieds d'Ahmed, le pain qui s'était déplacé en cours de route et se trouvait légèrement à découvert : « Oh! oh! pensa l'égyptologue, ce pain est moderne, mais...

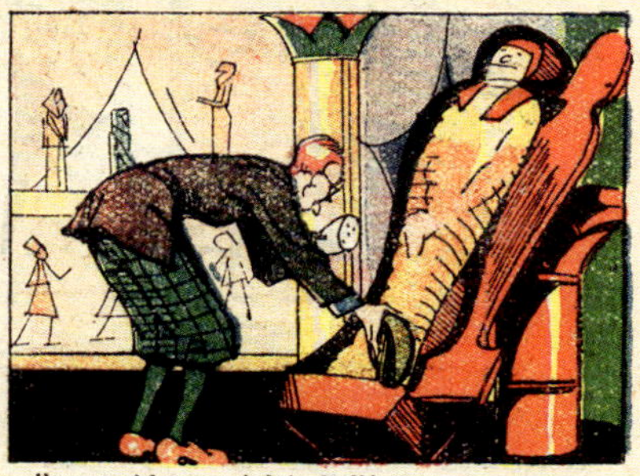

...j'en possède un qui date de l'époque des pharaons. Je l'ai trouvé dans le sarcophage d'un neveu de Tout-Ank-Amon. Il complètera parfaitement l'ensemble de cette antique acquisition. Quelques instants après, le colonel Bliss effectuait l'échange des pains, puis se retirait, laissant seule au milieu de ses collections, la pseudo-momie d'Athkopan XIV.

Ahmed qui commençait à trouver le temps long et l'inaction ankylosante, fut enchanté de pouvoir enfin remuer. Il sortit de sa prison aussitôt qu'il eut entendu les pas du colonel s'éloigner, s'étira longuement et pensa tout à coup aux tiraillements de son estomac; l'immobilité avait aiguisé son appétit.

Tout à l'heure, il avait observé une immobilité absolue pendant l'examen du colonel. Il n'avait donc pas pu voir l'échange des pains. Aussi lorsqu'il mordit à belles dents dans la croûte d'un pain qui avait été tendre il y a plusieurs milliers d'années, je vous laisse à penser l'affreuse grimace qu'il fit. L'appétit le tenaillant...

...il attendit la nuit, risqua un œil hors du musée et, voyant que tout le monde dormait dans l'hôtel, il se mit, à pas feutrés, à la recherche de la cuisine qu'il finit par découvrir. Dans un buffet fort bien garni, il trouva de quoi satisfaire sa faim. Rassasié, il regagna alors le musée,... (Voir la suite p. 2.)

LA BAGUE REVISITÉE

Moins agitée que celle des Pieds Nickelés, la modernité de l'époque est toujours présente dans l'œuvre d'Hergé, le plus souvent *visible*, avec ses paquebots, ses fusées, ses avions, ses industries, sa représentation des modes vestimentaires les plus recherchées… ; mais aussi *invisible*, quand s'entremêlent symboles, ésotérismes, mythes, inconscient, abîmes de l'âme et autres dessous insondables de l'œuvre du célèbre dessinateur. L'album *Les Cigares du pharaon*, publié en 1934, en est le parfait exemple. Il était prévisible que le dessin de la bague dite « des cigares du pharaon » serait étudié par les exégètes des aventures de Tintin. La symbolique de ce morceau de papier parut si évidente qu'une vérité s'imposa tout naturellement : *Hergé s'était inspiré de la perfection visuelle et spirituelle du yin et du yang*. Les cerveaux des tintinophiles tintinnabulèrent de joie devant cette démonstration si pertinente. Yin yang ! Yin yang !!
Cette interprétation est surprenante, car rien dans le dessin figurant sur la bague ne rappelle la parfaite gémellité des courbes du symbole chinois ou la puissance du contraste entre le noir et le blanc, bien au contraire. Fidèle à la ligne claire, Hergé nous offre un dessin rigoureux, aux aplats de couleur géométriques qui s'inscrivent parfaitement dans la modernité graphique de la période Art déco. Le très curieux trait zigzagant, dessiné comme une volute de fumée qui découperait le cercle en deux parties, n'est pas sorti, lui non plus, des tréfonds extrême-orientaux. Hergé était connu comme amateur de bonnes blagues, mais aussi comme grand amateur de tabac et de blagues à tabac ; alors plutôt que d'invoquer le yin et le yang, il aurait été sans doute plus pertinent d'évoquer le zig et le zag. *Zigzag*, comme la célèbre marque de papier à cigarette qu'appréciaient tant les fumeurs de tabac à rouler du début du siècle dernier ; volutes de fumée, comme celles que dessinèrent Hergé pour la couverture du *Petit Vingtième* ou Leonetto Cappiello pour les affiches publicitaires de la bien nommée marque Le Nil. Point de chinoiseries donc chez les pharaons.

Hergé, *Les Aventures de Tintin reporter en Orient. Les Cigares du pharaon*, couverture, Éditions Casterman, 1934. Hergé-Moulinsart.

Signe du yin et du yang ; lettre O et détail de la bague du cigare, *Les Cigares du pharaon*, p. 1, 1955. Hergé-Moulinsart.

Page de droite
Mat, « Chez les pharaons », *Les Aventures comiques de Pitchounet, fils de Marius*, couverture, Société parisienne d'édition, n° 5, août 1938.

DES BAGUES À L'ÂME

Mais « Flor Fina » : que pouvait bien signifier cette curieuse inscription ? « Flor Fina est une fausse entreprise de cigares[9] » ; l'explication est courte, elle n'est guère convaincante. Essayons de décrypter. Flor ? du latin *flora*, qui nous a donné « fleur », et par extension « flore », l'ensemble des espèces végétales. Et Fina ? Creusons. « Petrofina est une ancienne société pétrolière et pétrochimique belge indépendante, constituée en 1920 [...]. Ses produits étaient essentiellement commercialisés sous la marque Fina. » Flor et Fina, comme ces plantes et ces goudrons trouvés dans les corps momifiés lorsqu'ils étaient étudiés par les savants européens. Sur cette bague, ce minuscule morceau de papier porteur d'un sublime message subliminal, Hergé nous révélerait ainsi l'essence des techniques d'embaumement, et l'importance première de la mort et de l'au-delà chez les Égyptiens. Fascinés, nous partageons ensemble le désespoir de Tintin, enfermé dans la chaleur étouffante d'un tombeau, découvrant avec effroi le glaçant spectacle de la salle des momies : « Je ne me laisserai pas momifier comme cela ! »

PAS DE MASTABA POUR MICKEY

Toutes les revues n'étaient pas logées à la même enseigne. Il faudra attendre longtemps avant que *Le Journal de Mickey* ne publie une histoire faisant référence à l'Égypte, aucune planche sur ce sujet n'ayant été créée dans la première série éditée de 1934 au 16 juin 1940. Plusieurs raisons viennent expliquer cette absence : dans les premières années de la saga Disney, les histoires publiées en France étaient, pour l'essentiel, l'œuvre d'auteurs et de dessinateurs américains, sans doute peu inspirés par les charmes et la magie de l'Égypte ; par ailleurs, il pouvait se passer plusieurs années, voire plusieurs décennies, avant qu'une édition française ne reprenne la première édition américaine. Ainsi *Donald Duck and the Mummy's Ring*, œuvre du célèbre Carl Barks, publiée pour la première fois dans la revue *Four Color* de septembre 1943, ne verra le jour que le 29 juillet 1986 dans *Le Journal de Mickey* sous le titre « L'Anneau de la momie ». Aujourd'hui, pour notre plus grand plaisir, auteurs, dessinateurs et éditeurs nous comblent d'albums et de publications célébrant l'Égypte, alors ensemble, nous pouvons trinquer et hurler de concert : « Champollion pour tout le monde ! »

NOTES

1. L'histoire est d'abord publiée du 8 décembre 1932 au 8 février 1934, en noir et blanc dans *Le Petit Vingtième*, sous le titre *Les Aventures de Tintin en Orient*, pour un total de 124 planches. L'album paraît au mois de novembre 1934 sous le titre *Les Cigares du pharaon* ; c'est le premier de la série à paraître chez Casterman. En 1955, la BD est entièrement remaniée, redessinée et mise en couleurs. **2.** Laurent Bavay, « Kih Oskh, Grossgrabenstein et Numérobis. Aventures égyptiennes dans la bande dessinée », dans *Égyptomanie depuis le XIXe siècle, Édouard et Cléopâtre*, catalogue de l'exposition de la Fondation Boghossian, 2012-2013, Bruxelles, 2012, p. 139-147. **3.** Publié en deux albums : Edgar P. Jacobs, *Le Mystère de la grande pyramide*, t. I, « Le Papyrus de Manethon », Paris, Éd. Du Lombard, 1954, et t. II, « La Chambre d'Horus », Paris, Éd. du Lombard, 1955. **4.** A. Lorbert, « Le centenaire de Champollion », dans *Benjamin : le premier grand hebdomadaire pour la jeunesse*, 3 mars 1932, n° 121, p. 1 et 2. **5.** Par date de création, citons : *La Jeunesse illustrée* (1903) ; *Les Belles Images* (1905) ; *Fillette* (1910) ; *L'Intrépide* (1910) ; *L'Épatant* (1912) ; *Guignol* (1919) ; *Lisette* (1921) ; *Pierrot* (1925) ; *Benjamin* (1929) ; *Cœurs vaillants* (1929) ; *Le Journal de Mickey* (1934) ; *L'Aventureux* (1936) ; *Jeunesse Magazine* (1936) ; *Hardi* (1937) ; *Âmes vaillantes* (1937) ; *Le Journal de Toto* (1937)... **6.** Pour des publications francophones. **7.** *Le Journal de Spirou*, « Les Aventures de Spirou », Dupuis éditeur, Rob-Vel, 27 juillet 1939, n° 30, p. 1. **8.** *L'Épatant*, « Les Nouvelles Aventures des Pieds Nickelés », 28 février 1929, n° 1074. **9.** https://tintin.fandom.com/fr/wiki/Flor_Fina. Vu en 2022.

A LA MANIÈRE DE.... TUTH.... ANK.... AMEN !

DES CALAMES POUR PANAME

La femme dans la caricature

Hubert Cavaniol

LA MOMIE
« Quoi !... déjà ?... »

« La momie. Quoi, déjà ?... », vignette publiée dans « Les communiqués de Floréal », *Floréal*, n° 9, 28 février 1920.

Page de gauche
« À la manière de... Tuth... Ank... Amen ! », *Le Sourire*, 1923.

À son ami Claude Monet qui l'interrogeait sur les raisons d'un prochain voyage en Égypte, Clemenceau aurait répondu tout de go : « Je vais voir si Cléopâtre est toujours jolie, et si elle l'est toujours, je l'épouse[1]. » Quand le Tigre, revenu désenchanté de cette expédition, déclara que ce pays était « [...] froid et plat, comme un article du *Temps*[2] ! », les rieurs et les humoristes s'en donnèrent à cœur joie. Le très mondain Henry de Jouvenel pouvait ainsi expliquer à une élégante que si Clemenceau s'était davantage passionné pour l'Égypte, celui-ci aurait été certainement fort intéressé d'apprendre « [...] que les pharaons faisaient enterrer leur secrétaire avec eux[3] ! ». Ces aventures orientales et ces propos furent rapidement oubliés – le machisme était encore une vertu, il s'étalait alors sans soulever de tollé. Deux ans plus tard, en novembre 1922, la tombe de Toutankhamon était découverte.

Dans un petit article intitulé « En passant par... Dans la vallée des rois », *Le Radical* du 10 décembre 1922 fut l'un des premiers journaux français[4] à se faire l'écho de la découverte de la tombe de Toutankhamon. Cet événement retentissant fut l'occasion de confirmer l'éternelle rivalité franco-anglaise : *Le Figaro*, dans son édition du 27 février 1923, rappelait dans un article intitulé « À la mode de Louqsor » que si Londres revendiquait cette idée d'avoir fait revivre avec quelques étoffes les splendeurs de l'Égypte, « [...] une couturière parisienne avait paraît-il lancé la robe momie avant même que Toutankhamon ne fût sorti de sa vallée royale. Ainsi en matière d'égyptologie les Français auront une fois de plus devancé les Anglais ». Même si, en France, certains doutaient que l'on soit en présence de la véritable tombe du pharaon, l'agitation provoquée par cette découverte fut considérable. Dans les mois qui suivirent, les fouilles effectuées dans la vallée des Rois et les formidables trésors que l'on y trouvait firent le régal des journaux, des magazines et autres gazettes, chacun y allant de son style et de ses rubriques. Ainsi, en mars 1923, dans un entrefilet, *L'Ouest-Éclair* témoignait de l'égyptomanie naissante : « On assure que les récentes découvertes de Louqsor vont avoir une influence sur la mode, non seulement pour les robes et les chapeaux, mais encore pour l'ameublement, les décorations et la joaillerie [...]. Ne soyons donc pas surpris si la saison prochaine nos élégantes lancent une mode vieille de trente siècles[5]. » En dépit de cet engouement, dans les cercles parisiens ces messieurs s'impatientaient. Certes, la vie de ce Toutankhamon était passionnante, ces trésors s'avéraient magnifiques, ce goût pour l'égyptomanie se révélait fort amusant, mais une question restée sans réponse taraudait leur esprit : qu'en était-il de Madame ? Une « madame Toutankhamon » avait certainement dû exister. Et la chaleur éprouvante de la Basse et de la Haute Égypte aidant, il n'était pas interdit de rêver à une épouse royale vêtue de tenues légères. Et si l'on hésitait encore sur la pudeur de la reine, les servantes devaient être, elles, à coup sûr très dénudées. Les magazines dits de charme, les revues humoristiques firent leurs choux gras de ces nombreux rois d'Égypte et de leurs épouses.

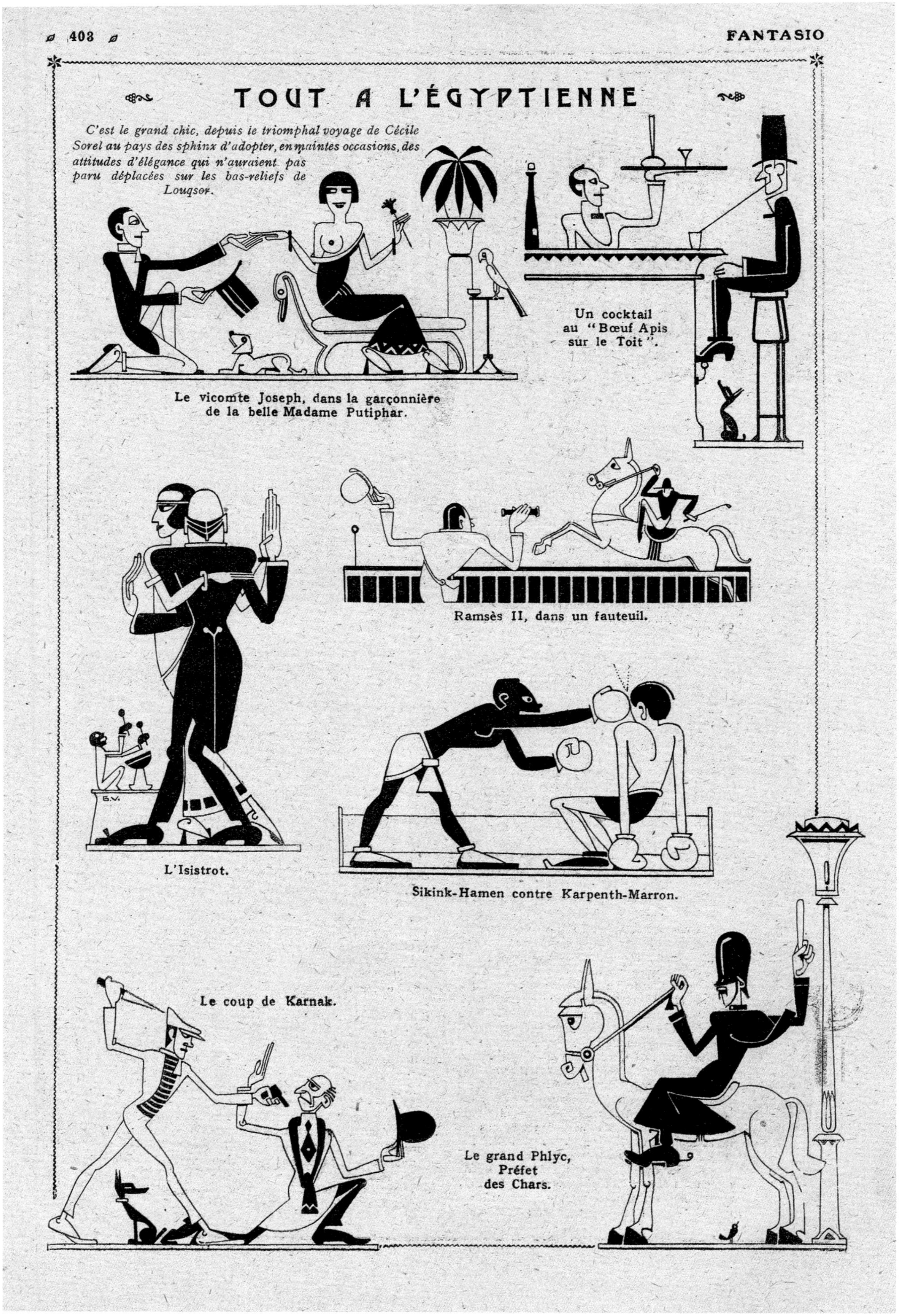

Pem, « Tout à l'égyptienne », *Fantasio*, 1924.

Page de droite
Auguste Roubille, couverture de *Fantasio*, n° 338, 1er avril 1923.

17e Année. — N° 388. — 1er Avril 1923. Prix : 1 fr. 25

FANTASIO

Félix JUVEN, Éditeur, 1, Rue de Choiseul. — Paris

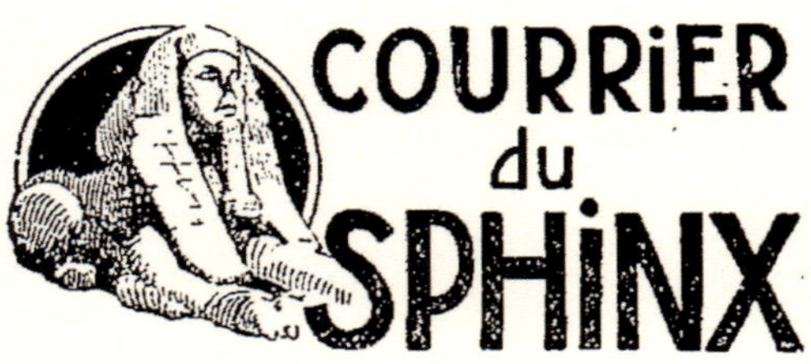

De délirantes épopées étaient inventées, comme celle où l'on apprend que Khéops, à court d'argent pour terminer sa pyramide, aurait contraint sa fille à soutirer des sommes considérables à ses amants[6]. Celle-ci y aurait mis tellement d'entrain qu'elle acheva non seulement la pyramide de son père mais aurait pu ensuite en faire construire une autre pour elle-même avec les pierres qu'elle demandait à chacun de ceux auxquels elle avait accordé ses faveurs princières !

Pour certains, l'Égypte, vue du bar de La Coupole, c'était avant tout l'évocation de l'Orient et de tous ses plaisirs, les corps ambrés des Nubiennes venues du Sud, les bains de lait, les danses envoûtantes, l'élégance suprême des femmes de la cour, les bijoux et les matières les plus précieuses, les parfums lourds et musqués, Cléopâtre et Néfertiti… Comment vivre sereinement, quand la dernière livraison de son magazine préféré relatait les exploits de celui qui « […] habilla le mannequin en Égyptienne et l'installa dans un appartement décoré à la manière des pharaons. Bientôt un changement extraordinaire se produisit chez Kitta. Tant qu'elle avait été à peu près nue[7]… » ? Les crayons des caricaturistes s'enflammaient sans retenue, faisaient feu de tout bois pour chauffer l'imagination de lecteurs bouillants. Si, au cours du XIXe siècle, la morale apporta quelques limites à une évocation trop dégradante du sexe féminin, durant les années de l'entre-deux-guerres, sans

Chronique « Courrier du Sphinx », publiée dans *Parisiana*, n° 178, 31 janvier 1929.

Joseph Kuhn-Régnier, « Madame Toutankhamon chez elle », *La Vie parisienne*, n° 11, 17 mars 1923.

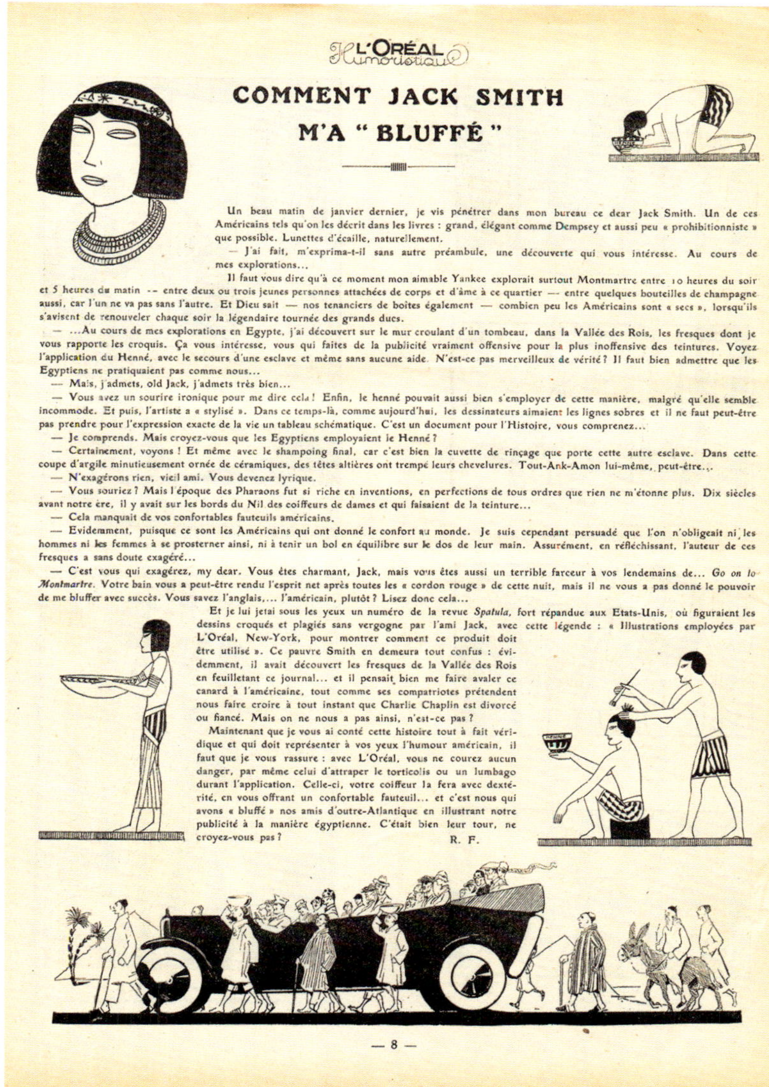

L'ORÉAL Humoristique

COMMENT JACK SMITH M'A " BLUFFÉ "

Un beau matin de janvier dernier, je vis pénétrer dans mon bureau ce dear Jack Smith. Un de ces Américains tels qu'on les décrit dans les livres : grand, élégant comme Dempsey et aussi peu « prohibitionniste » que possible. Lunettes d'écaille, naturellement.

— J'ai fait, m'exprima-t-il sans autre préambule, une découverte qui vous intéresse. Au cours de mes explorations...

Il faut vous dire qu'à ce moment mon aimable Yankee explorait surtout Montmartre entre 10 heures du soir et 5 heures du matin -- entre deux ou trois jeunes personnes attachées de corps et d'âme à ce quartier — entre quelques bouteilles de champagne aussi, car l'un ne va pas sans l'autre. Et Dieu sait — nos tenanciers de boîtes également — combien peu les Américains sont « secs », lorsqu'ils s'avisent de renouveler chaque soir la légendaire tournée des grands ducs.

— ...Au cours de mes explorations en Egypte, j'ai découvert sur le mur croulant d'un tombeau, dans la Vallée des Rois, les fresques dont je vous rapporte les croquis. Ça vous intéresse, vous qui faites de la publicité vraiment offensive pour la plus inoffensive des teintures. Voyez l'application du Henné, avec le secours d'une esclave et même sans aucune aide. N'est-ce pas merveilleux de vérité ? Il faut bien admettre que les Egyptiens ne pratiquaient pas comme nous...

— Mais, j'admets, old Jack, j'admets très bien...

— Vous avez un sourire ironique pour me dire cela ! Enfin, le henné pouvait aussi bien s'employer de cette manière, malgré qu'elle semble incommode. Et puis, l'artiste a « stylisé ». Dans ce temps-là, comme aujourd'hui, les dessinateurs aimaient les lignes sobres et il ne faut peut-être pas prendre pour l'expression exacte de la vie un tableau schématique. C'est un document pour l'Histoire, vous comprenez...

— Je comprends. Mais croyez-vous que les Egyptiens employaient le Henné ?

— Certainement, voyons ! Et même avec le shampoing final, car c'est bien la cuvette de rinçage que porte cette autre esclave. Dans cette coupe d'argile minutieusement ornée de céramiques, des têtes altières ont trempé leurs chevelures. Tout-Ank-Amon lui-même, peut-être...

— N'exagérons rien, vieil ami. Vous devenez lyrique.

— Vous souriez ? Mais l'époque des Pharaons fut si riche en inventions, en perfections de tous ordres que rien ne m'étonne plus. Dix siècles avant notre ère, il y avait sur les bords du Nil des coiffeurs de dames et qui faisaient de la teinture...

— Cela manquait de vos confortables fauteuils américains.

— Evidemment, puisque ce sont les Américains qui ont donné le confort au monde. Je suis cependant persuadé que l'on n'obligeait ni les hommes ni les femmes à se prosterner ainsi, ni à tenir un bol en équilibre sur le dos de leur main. Assurément, en réfléchissant, l'auteur de ces fresques a sans doute exagéré...

— C'est vous qui exagérez, my dear. Vous êtes charmant, Jack, mais vous êtes aussi un terrible farceur à vos lendemains de... *Go on to Montmartre*. Votre bain vous a peut-être rendu l'esprit net après toutes les « cordon rouge » de cette nuit, mais il ne vous a pas donné le pouvoir de me bluffer avec succès. Vous savez l'anglais,... l'américain, plutôt ? Lisez donc cela...

Et je lui jetai sous les yeux un numéro de la revue *Spatula*, fort répandue aux Etats-Unis, où figuraient les dessins croqués et plagiés sans vergogne par l'ami Jack, avec cette légende : « Illustrations employées par L'Oréal, New-York, pour montrer comment ce produit doit être utilisé ». Ce pauvre Smith en demeura tout confus : évidemment, il avait découvert les fresques de la Vallée des Rois en feuilletant ce journal... et il pensait bien me faire avaler ce canard à l'américaine, tout comme ses compatriotes prétendent nous faire croire à tout instant que Charlie Chaplin est divorcé ou fiancé. Mais on ne nous a pas ainsi, n'est-ce pas ?

Maintenant que je vous ai conté cette histoire tout à fait véridique et qui doit représenter à vos yeux l'humour américain, il faut que je vous rassure : avec L'Oréal, vous ne courez aucun danger, par même celui d'attraper le torticolis ou un lumbago durant l'application. Celle-ci, votre coiffeur la fera avec dextérité, en vous offrant un confortable fauteuil... et c'est nous qui avons « bluffé » nos amis d'outre-Atlantique en illustrant notre publicité à la manière égyptienne. C'était bien leur tour, ne croyez-vous pas ?

R. F.

— 8 —

doute portés par une apparente libération des mœurs – ou plutôt pour lutter contre celle-ci –, la presse et ses lecteurs firent front commun pour rabaisser la femme plus bas que terre. Les « fascinantes Égyptiennes » n'échappèrent pas à cette violence, leur beauté faisant d'elles l'une des références absolues de l'imaginaire bourgeois, ébloui par « […] des yeux à incendier le pôle Nord, et une bouche à émoustiller les pharaons d'Égypte momifiés dans leurs cercueils[8] ».

Rien ne semblait devoir arrêter les caricaturistes, toujours plus misogynes, dans cette chasse où sous leurs traits d'esprit et de crayon la femme devenait leur gibier favori : « […] que l'on retrouve la momie de Mme Céline Morel dans le tombeau de Tou-Ank-Harton, voilà une véritable découverte. Mais retrouver une femme nue, c'est à la portée de tout le monde. La recette est dans tous les livres de cuisine. On prend tout simplement une femme habillée et on la pèle soigneusement, comme on le fait d'une banane[9] ». Pour le cochon, tout était bon, même la revue des lecteurs : l'hebdomadaire *Parisania*, dans sa rubrique intitulée « Courrier du Sphinx », prodiguait sans état d'âme moult conseils, horoscopes, numérologie gagnante et prévisions de tout ordre à un lectorat essentiellement masculin, toujours inquiet de la vigueur de ses prouesses.

Peu de limites furent données à ces fangeux dessins, libre expression de toutes les formes d'« anti » qui faisaient alors florès – antiparlementarisme, antisémitisme, antirépublicanisme, antinantis… Promesses de gros tirages et garanties de rires bien gras. L'antiféminisme n'était pas la moindre de ces obsessions, les lecteurs, qui n'en demandaient pas tant, restant sans doute persuadés qu'il ne s'agissait là que de vulgaires gaudrioles, essence même à leurs yeux du patrimoine gaulois. Quelques voix s'élevèrent cependant contre cette intolérable intolérance ; en 1907, dans son ouvrage *La Femme dans la caricature française*, le critique d'art Gustave Kahn livrait un rare réquisitoire envers les caricaturistes qui « […] ont toujours combattu deux sortes d'ennemis, les rois et les femmes[10] ».

NOTES

1. Jean Robuchon, *Les Grandes Heures de Georges Clemenceau*, Éditions Lussaud Frères. **2.** *Le Rire*, « Le rire de la semaine », 8 mai 1920. Le journal Excelsior du 13 avril 1920 documente largement ce voyage. **3.** *Paris-Plaisirs*, 1er janvier 1930. **4.** *Le Figaro* ne signalera cette découverte que le 20 février 1923, dans un article intitulé « L'hypogée de Louxor ne serait pas celui de Toutankhamon ». **5.** *L'Ouest-Éclair*, 1er mars 1923, p. 2. **6.** *Paris-Plaisirs*, « Les courtisanes à travers les âges. Chapitre III, En Égypte ». **7.** *La Vie parisienne*, 1er mai 1920, p. 276. **8.** *La Caricature*, « Le monocle », 2 juin 1894, n° 753, p. 170. **9.** *Paris-Plaisirs*, « Les heures parisiennes », 25 mai 1924, n° 24, p. 278. **10.** Gustave Kahn, *La Femme dans la caricature française*, Paris, 1907.

Pem, « Modern Palace. Restaurant chez Sphinx. Cadre élégant, dernier confort, électricité, téléphone, boissons glacées, situation unique, déserts en tous genres », *Fantasio*, 1927.

« Comment Jack Smith m'a "bluffé" », *L'Oréal humoristique*, n° 3, mars 1925.

L'ÉGYPTE À LA MAISON, OU L'ÉGYPTE EN MINIATURE

Jean-Marcel Humbert

Haut-parleur Sphinx pour poste de radio, boîtier en acajou, Sphinx Speaker P. Brown S. G. Ltd, Londres, 1927.

Page de gauche
Boîte en porcelaine (pot à tabac ?) s'inspirant des statues cubes égyptiennes, décor mêlant papyrus et Pierrot, manufacture André François à Limoges, pour Aladin, Paris, vers 1925. Collection Jean-Marcel Humbert.

Les journaux anglais, en 1927, publient des réclames concernant un curieux haut-parleur d'appoint pour poste de radio fabriqué par Brown S. G. Ltd, de Londres[1]. Vendu sous l'appellation Sphinx, entièrement réalisé en bois, il ne paraît de prime abord avoir aucun rapport avec un sphinx égyptien, et pourtant, si on le regarde en ombre chinoise, on voit apparaître les contours de la tête du grand Sphinx de Gizeh. Qu'est-ce qui pouvait pousser un Anglais de classe moyenne à acheter un tel objet ? Car il existe quantité d'autres haut-parleurs, plus neutres, moins chers et moins encombrants… Pour rencontrer le succès qui fut le sien, il fallait donc qu'il participe d'une évocation à la fois puissante et explicite qui transporte l'auditeur sur les rives du Nil. Mais il fallait aussi que celui qui allait l'acheter accepte d'accueillir dans son intérieur un tel objet, gage d'un dépaysement certain. Il allait falloir enfin qu'il admette que le Sphinx, garant de discrétion et de silence, devienne tout au contraire dispensateur de paroles et de musique. Bref, pourquoi et comment l'égyptomanie entre-t-elle ainsi dans les intérieurs des Années folles ?

Ce phénomène de diffusion dans les classes laborieuses de petits objets évoquant l'Égypte ancienne a commencé à se développer dès le milieu du XIXe siècle, profitant de trois facteurs favorables. Tout d'abord, une industrialisation qui a permis de les fabriquer en grand nombre, et donc d'être à même de les fournir à des prix abordables. Ensuite, une meilleure connaissance du domaine de l'Égypte antique et de l'égyptologie, relayée par la publication d'ouvrages nombreux et bien illustrés et d'articles de vulgarisation. Enfin, la naissance d'un intérêt pour ce domaine jusque-là apanage de savants inaccessibles, et un désir de suivre la mode d'objets courants évocateurs de l'antiquité égyptienne, qui commençait à se répandre.

Tout cela a conduit les classes moyennes puis populaires à prendre goût à ces petits objets leur permettant de rêver et de profiter à leur tour de cette civilisation antique réservée alors aux classes les plus aisées de la société. La Belle Époque avait déjà connu un développement important du phénomène. Les Années folles, outre leur originalité propre, vont se voir quant à elles attribuer les bénéfices de la découverte des deux icônes égyptiennes du moment, Néfertiti et Toutankhamon[2]. On constate sans étonnement que le matraquage médiatique qui a accompagné ces événements a suscité un énorme engouement, dont les retombées se traduisent en retour par l'accroissement de la production de petits objets susceptible de le satisfaire.

Les formes égyptiennes anciennes vont bien sûr devoir s'adapter aux nouvelles utilisations que l'on va leur prêter, et, de fait, peu d'usages vont leur être étrangers. Une part importante de ces objets, dont on ignore souvent le créateur et le fabricant, vont meubler toutes les pièces des logements. Dès l'entrée, un vide-poches en Bakélite est présenté par une élégante Égyptienne aux vives couleurs. Dans les espaces de travail ou de lecture, on mettra au centre du bureau une garniture-encrier en faïence avec une Cléopâtre assise sur son trône, évoquant Claudette Colbert dans le film de Cecil B. DeMille.

Porte-lettres, fer de fonte finition laiton, H. L. Judd Co. Foundry, Wallingford, Connecticut, n°9835, vers 1925. Collection Jean-Marcel Humbert.

Page de gauche
Garniture de bureau-encrier, Cléopâtre sur son trône, faïence anonyme, vers 1935. Collection Jean-Marcel Humbert.

Petits vases canopes, corps et leur couvercle, vers 1922. À gauche, marqué Lefort et Cie, Limoges. À droite, marqué France et Limoges. Collection Jean-Marcel Humbert.

Demi-poupée en porcelaine, manufacture de Sitzendorf, Thuringe, Allemagne, vers 1925. Collection Jean-Marcel Humbert.

Si l'on souhaite un objet moins encombrant et moins ostentatoire, on choisira le modèle créé par Maurice Frécourt, accompagné d'un cachet et d'un coupe-papier. Juste à côté, un porte-lettres, solide élément en fer de fonte, mêle sphinx et colonnes avec corniche à gorge et disque ailé[3]. Il voisine avec un pot à tabac qui peut prendre la forme de statue cube égyptienne, comme le modèle commercialisé par Aladin à Paris[4], mêlant à une frise de papyrus le regard mutin d'un Pierrot à la bouche en cul-de-poule typique du moment. Un cendrier à tête de pharaon complète l'ensemble. Des petits pots, pour trombones ou attaches diverses, évoquent des vases canopes ventrus[5].

Sur une petite table voisine, un brûle-parfum français de Vantine's, qui connaît un très grand succès aux États-Unis, représente une Égyptienne debout tenant devant elle une corbeille avec un couvercle, pour mettre l'encens. Mais on peut tout aussi bien lui substituer une nageuse égyptienne « à la cuillère ornée[6] ». De toutes les figures égyptiennes reprises par l'égyptomanie, cette nageuse est certainement la plus élégante, la plus délicieusement érotique, et celle qui correspond le mieux à l'esprit « Années folles ».

Détournée en brûle-parfum en 1926 par la société américaine Ronson[7], elle est fabriquée en régule, une matière moins lourde et moins coûteuse que le bronze, mais aussi plus fragile. Le canard-cuilleron qu'elle maintient de ses bras tendus est transformé en réceptacle destiné à brûler de l'encens, dont les vapeurs s'échappent par un couvercle à claire-voie. Par la suite, l'objet sera décliné par l'ajout à la nageuse de divers modules, comme une lampe fixée sur sa tête. On rencontre en France à la même époque un objet décoratif proche, présenté sur socle de marbre. Outre le succès de ce brûle-parfum, la nageuse égyptienne va trouver à la période Art déco une nouvelle carrière comme mascotte de voiture[8] et comme fermoir de sac à main[9].

Brûle-parfum en régule « à la nageuse », Ronson, États-Unis, années 1920. Collection Jean-Marcel Humbert.

Brûle-parfum en régule, Vantine's, France, vers 1925. Mention gravée sous la corbeille : « n° 1272 ». Collection Jean-Marcel Humbert.

Sur les rayons de la bibliothèque, on peut faire varier presque à l'infini les serre-livres tant il y a de modèles différents, fabriqués dans des matières diverses. Pharaons et reines généralement assis, danseuses, sphinx entiers ou coupés en deux – une spécialité de C. Charles –, pièces d'architecture, c'est peut-être la matière employée qui forcera la décision : bronze, régule, fonte, céramique, on va de pièces sombres et austères à de joyeuses polychromies. La société Bradley et Hubbard[10] s'est fait une spécialité de ces types d'objets, montrant des sphinx en bas-relief, tête levée à la mode américaine, des portes de tombeau, des entrées de temple avec des pharaons assis, et même la colonnade du « temple d'Isis ». On retiendra en particulier l'élégant modèle en régule de Ronson, avec ses deux Égyptiennes maintenant de leurs bras tendus le pylône d'un temple[11]. Mais on peut tout à fait leur préférer les créations colorées et fantaisistes de Robj, ou encore, également en céramique, les deux Égyptiens agenouillés, bras en arrière, d'Émile Adolphe Monier[12].

Serre-livres en fonte, Bradley et Hubbard, États-Unis, vers 1926. Collection Jean-Marcel Humbert.

Émile Adolphe Monier, paire de serre-livres représentant deux personnages égyptiens agenouillés, céramique blanche craquelée et coulées grises, manufacture de Boulogne-sur-Seine (André Fau). Collection Jean-Marcel Humbert.

Page de droite
Robj, serre-livres en forme d'Égyptien assis en porcelaine, Boulogne-sur-Seine, signé, vers 1925 (Boulogne-Billancourt depuis 1926). Collection Christian Cueni.

Double page suivante
Louis Vincent Aronson, paire de serre-livres en régule au zinc, Art Metal Works Co., Newark, NJ, signés, vers 1924. Collection Jean-Marcel Humbert.

Garniture de cheminée en faïence, manufacture de Nimy, Belgique, vers 1925.
Collection Jean-Marcel Humbert.

Garniture de cheminée en biscuit émaillé, manufacture Schafer & Vater, Volkstedt Rudolstad, Thuringe, vers 1925. N°1442, pour la pendulette et 1445 pour les vases.
Collection Jean-Marcel Humbert.

Pour le manteau de cheminée, forcément de petite taille, on retiendra six modèles de pendules de l'année 1925. L'une d'elles est animée d'élégantes jeunes femmes tendant les bras en l'air vers un sphinx Art déco stylisé. Sur une autre, en faïence, c'est une danseuse de music-hall qui mène une revue à l'égyptienne suggérée par les dessins et hiéroglyphes qui l'entourent. Même thème pour une pendulette en régule de Vantine's[13], que l'on rencontre également parfois sous forme de brûle-parfum. Une autre jeune femme, bras baissés et mains écartées, est agenouillée au-dessus du cadran d'un petit bâtiment Art déco décoré de sphinx et de signes égyptiens. Une autre encore, dans des tonalités originales de jaune et de mauve, est conçue comme une garniture de cheminée complète en miniature, avec le corps central figurant une pyramide, et de chaque côté deux obélisques faisant fonction de vases, le tout décoré de palmiers et têtes d'Égyptiens[14]. Enfin, une dernière est une amusante adaptation Art déco de la production de la société Schafer & Vater[15]. Tous ces modèles de pendules étaient l'occasion en même temps de montrer des jeunes femmes souvent assez déshabillées sous couvert de référence à l'Égypte.

Porte-montre en régule à deux patines, vers 1930. Collection Jean-Marcel Humbert.

Double page suivante
À gauche, pendulette représentant une danseuse de music-hall dans un décor égyptien, faïence émaillée craquelée crème, vers 1925. Collection Jean-Marcel Humbert.

À droite, pendulette en régule à décor égyptien (le personnage féminin porte un collier et un pagne égyptiens), Vantine's, «Made in France», pour le magasin Vantine's à New York, vers 1925. Signée au-dessous «Vantine's, n° 1292». Collection Jean-Marcel Humbert.

MADE IN FRANCE

Boîtes de talc en tôle lithographiée. De gauche à droite : Lady Tut Talcum, Federal Chemical Co., Boston Massachusetts, vers 1924 ; Cleopatra Rose (Palmolive), années 1920 ; Talc Egyptian (Palmolive), années 1920. Collection Jean-Marcel Humbert.

Page de droite
Boîtes à biscuits en forme de vase en tôle lithographiée, probablement fabriquées par Huntley, Boorne & Stevens, London Street à Reading, commercialisées par Huntley & Palmers, 1924. Collection Jean-Marcel Humbert.

À la cuisine, les boîtes en tôle lithographiées apportent une note colorée dépaysante, dont le modèle le plus connu reste la boîte à gâteaux en forme de vase montrant une conversation entre Cléopâtre et César, de la biscuiterie anglaise Huntley & Palmers, qui s'était spécialisée dans des boîtes-objets de décoration[16]. Plus simples, mais non moins évocatrices, les boîtes à gâteaux de la marque américaine Sunshine Fruit Cake[17] composent leur décor d'un disque ailé et d'éléments floraux, autour de la tête d'une reine parée d'une coiffure vautour. Pour la toilette également, les boîtes en tôle lithographiées font partie d'une décoration presque banale et concernent quasi exclusivement le talc. Celui-ci peut voir sa promotion assurée par le Sphinx de Gizeh, ou encore par la marque Lady Tut, ornée d'une tête féminine égyptienne. De son côté, la firme Palmolive, célèbre pour son savon Cleopatra, joue la sobriété avec quelques figures égyptiennes orange sur noir, un disque ailé et des hiéroglyphes pour le Talc égyptien, ou préfère le blanc avec ombres chinoises pour le Talc Cleopatra rose.

Dans la chambre à coucher, on va placer une des veilleuses pharaoniques en porcelaine de la société Robj[18]. Ce modèle, quelque peu sophistiqué, représente une Égyptienne, les seins nus, un genou à terre et l'autre relevé sur lequel elle pose un vase qui peut servir de brûle-parfum. Un système électrique avec ampoule à l'intérieur permet de l'éclairer, créant une douce lumière tamisée ajoutant du mystère au personnage. Cet objet était disponible en deux versions, conçues sur le même modèle avec des filets dorés. La plus haute des deux n'existait qu'en blanc. La plus petite semble avoir été réalisée en vert, bleu et rouge, avec des tonalités souvent un peu différentes selon les cuissons.

Mais c'est plus encore au moment des repas que l'on peut sortir des pièces peut-être moins originales, mais non moins décoratives et dans des formes très diverses. C'est plutôt en France, chez Lalique, qu'il faut chercher un service à boire à l'égyptienne, le service Lotus, créé en 1924. En revanche, pour les services de table, c'est vers l'Angleterre qu'il faut se tourner, et c'est la manufacture Royal Doulton, établie à Londres

Robj, veilleuses en porcelaine, Boulogne-sur-Seine, 1923 (Boulogne-Billancourt depuis 1926). Collection Jean-Marcel Humbert.

et à Stoke-on-Trent[19], qui occupe dans ce domaine une place prééminente. C'est en 1911 qu'elle créa deux ambitieux services de table comportant toutes les tailles d'assiettes et de plats, avec des services à thé et à café, et cela dans plusieurs coloris (fond rouge brique, entièrement noir et blanc, fond blanc avec des personnages en couleurs, et en bleu « Titanium »). L'ensemble se déclinait en deux thèmes qui ne devaient pas se mêler : Egyptian A (« poterie ») et Egyptian B (« chasseurs »). Ces séries, ornées de personnages antiques et de hiéroglyphes, ont connu un second succès en 1922-1923, après la découverte de la tombe de Toutankhamon, quand la manufacture ajouta la mention « Tutankhamen's Treasures Luxor » sur toute cette production, avec des cachets au *sema-taouy*, signe de l'union de la Haute et de la Basse Égypte.

L'utilisation de hiéroglyphes répétitifs authentiques ou faux, et souvent humoristiques, donne à l'ensemble de ces services un parfum égyptien intrigant. Beaucoup de ces hiéroglyphes inventés reflètent la vie quotidienne de la petite bourgeoisie, acheteuse potentielle de ces services. On peut y voir des chats, un cochon, une chope de bière, un sac à main, un *bobby*, une pipe, quelques insectes… On comprend qu'à partir de tels éléments il soit facile d'animer une cruche en y racontant l'histoire, édifiante, d'un pochard qui sombre dans tous les vices, ou peu s'en faut : il boit, vraiment beaucoup, joue aux cartes, se bat, voit double – deux lampadaires, deux lunes, et une pléiade d'étoiles, y compris des étoiles filantes. Il chante aussi, bien sûr ne s'arrête pas de boire, et finit par tomber par terre. Un *bobby* l'emmène au poste, lui met les menottes, lui donne un coup sur la tête pour le calmer, et il se retrouve au cachot, au milieu des rats, alors que les bases des colonnes de hiéroglyphes se liquéfient littéralement. Il n'y a bien sûr rien d'alphabétique ni de scientifique dans ces hiéroglyphes, qui restent purement figuratifs. Mais il s'agit là d'une scène amusante destinée à distraire ses hôtes pendant le repas. C'est un bon exemple du côté ludique à la fois de la vision des hiéroglyphes qu'avait à cette époque le grand public et des possibles interprétations que l'on en faisait alors.

Assiettes des deux services de table Royal Doulton (Egyptian A – « poterie » – et Egyptian B – « chasseurs »), dans diverses finitions, Royal Doulton, Stoke-on-Trent, Angleterre. Ces services, produits de 1911 à 1929, se sont vu ajouter en 1923, après la découverte de la tombe de Toutankhamon, la mention « Tutankhamen's Treasures Luxor » et des cachets en forme de *sema-taouy* (réunion des deux terres), visibles sur l'assiette bleue (Titanian). Collection Jean-Marcel Humbert.

Page de droite
Harry Allen, vase hors-série, peint à la main, Royal Doulton, Stoke-on-Trent, Angleterre, signé, années 1920. Collection Jean-Marcel Humbert.

Un autre service Royal Doulton, appelé « Desert », montre des vues de désert avec souvent les pyramides au fond, un arabe à dos de dromadaire et des palmiers. Toutes ces séries furent arrêtées en 1929, mais des éléments de décor égyptiens continuèrent de figurer dans les créations de Doulton. Certaines pièces signées sont uniques, comme les vases peints à la main par Harry Allen dans les années 1920, avec des couleurs vives façon Art déco. D'autres, notamment en « Royal Doulton Flambe » (rouge flamboyant), font l'objet d'une fabrication continue avec des vues des pyramides, du Sphinx et de nombreuses scènes de désert.

Entraînées par le succès de la production Royal Doulton, d'autres manufactures anglaises de moindre importance se mettent à leur tour à exploiter le filon égyptien. Par exemple, la New Chelsea Porcelain Co. Ltd (Longton) crée en 1923 des services à thé, à café et à dessert, décorés de scarabées ailés. Keeling & Co. Ltd (Burslem) préfère dans son service Losol Ware Egyptian un dessin très stylisé évoquant, plus que montrant, des disques ailés. Shelley China (Staffordshire) choisit également le thème du scarabée ailé, mais en le modernisant singulièrement. La fabrique Wellington (Longton) s'adresse à Herbert Cope, qui crée en 1924 le service Ramses, caractérisé par une frise décorant le marli des assiettes et le bord des tasses, faite de scarabées, de petits personnages stylisés et de bouquets de papyrus, au-dessus du signe égyptien de l'eau. Le service se déclinait au choix en noir, en bleu ou en couleurs. Quant à S. Hancock & Sons à Stoke-on-Trent et leur fabrication de Corona Ware, ils préfèrent au contraire pour leur série Cairo user de grandes figures de disques ailés. De son côté, la société américaine Shenango[20] joue d'une part la sobriété avec un service réalisé pour un temple maçonnique, et d'autre part l'humour préfigurant *Les Compagnons de la nouba*[21], de Laurel et Hardy, avec une assiette caricaturant les Shriners s'échappant de leur cadre familial austère.

D'autres ateliers anglais utilisent eux aussi des thèmes égyptiens, en s'appuyant directement sur la découverte de la tombe de Toutankhamon. À la manufacture de porcelaine Wiltshaw & Robinson Ltd (Stoke-on-Trent) est fabriquée dans les années 1920 et 1930 une gamme de produits égyptisants sous l'appellation Carlton Ware. Cette ligne Tutankhamun, créée en 1923 par Enoch Boulton, se caractérise par son fond bleu, où dieux d'Égypte, pharaons et hiéroglyphes se mêlent. Sous chaque pièce, un cachet spécial est apposé, avec un pharaon assis, une déesse aux ailes déployées et quelques hiéroglyphes grossiers. Une autre série, née de la même inspiration, est décorée d'« éventails égyptiens », mêlant des formes asiatiques, égyptiennes et Art déco. L'influence de Toutankhamon est présente sur bien d'autres productions, que ce soit en Angleterre, où un vide-poches en verre pressé-moulé noir ou en opaline marbrée de couleurs douces est réalisé dès 1923 par la manufacture Davidson (Gateshead), ou aux États-Unis, où Peters and Reed Pottery (South Zanesville, Ohio) commercialise en 1924 des vide-poches muraux décorés d'une tête de pharaon de profil.

Assiette de Shriner, « The Happy Partying Shriner », Shenango Pottery Co., New Castle, PA, États-Unis, 1926. Collection Jean-Marcel Humbert.

Pot à crème (ou *milk jug*), forme Vincent, Shelley China, Staffordshire, Angleterre. *Pattern number* (manuscrit) 11325, février 1924. Art Director Walter Slater. Collection Jean-Marcel Humbert.

Page de gauche
Bol de la série Cairo, Corona Ware, S. Hancock & Sons, Stoke-on-Trent, Angleterre, vers 1923. Collection Jean-Marcel Humbert.

Julius Dressler, ensemble en terre cuite partiellement émaillée, poterie installée dans le quartier de Bělá à Podmokly, aujourd'hui intégré à Děčín, République tchèque, 1920. De gauche à droite, n°s 8420, 8611, 3128, 8417 et 8612. Collection Jean-Marcel Humbert.

Vase mural, série Pereco, couleur sable, Peters and Reed Pottery, South Zanesville, Ohio, États-Unis, 1919. Collection Jean-Marcel Humbert.

Page de gauche
Enoch Boulton, paire de vases en porcelaine émaillée décorés des dieux Khnoum et Amon, « Tutankhamen pattern », Carlton Ware, Stoke-on-Trent, Angleterre, 1923. Collection Jean-Marcel Humbert.

Reste à fleurir l'habitation, et là aussi on n'a que l'embarras du choix pour trouver le vase le mieux adapté au cadre général. Mais dans ce domaine également, il est un concepteur et fabricant, Julius Dressler, qui est en marge des courants usuels. Il avait installé sa manufacture au début des années 1880 dans la «région des poteries», entre Liberec et Teplice (Teplitz), située à l'origine en plein empire austro-hongrois (Bohême), et aujourd'hui dans l'actuelle République tchèque[22]. Dès le début, Dressler avait montré un goût certain pour l'Égypte ancienne en créant une ligne de vases et petits récipients décorés de scènes empruntées aux murs des tombeaux. Quand il décède vers 1910, la société est reprise par sa veuve et ses associés qui, après la Première Guerre mondiale, créent un nouveau type de décor, très influencé par la mode du moment. Sans abandonner la terre cuite légère et claire, brune ou grise, ni le principe de figures égyptiennes traitées en couleurs vives et brillantes, ils proposent des formes souvent très originales, avec une vision personnelle et déformée des éléments permanents de l'art égyptien (notamment le némès), avec d'audacieux rapprochements d'orange, de bleu et de vert brillants évoquant l'émail. Ces productions, commercialisées par des revendeurs présents dans toutes les grandes capitales, finissent rapidement par envahir le monde entier, où il est fréquent de les retrouver aujourd'hui.

Tous les bibelots que nous avons évoqués sont des objets de grande diffusion, et non des œuvres d'art au sens scientifique et commercial du terme. Du fait qu'ils bénéficiaient d'une distribution internationale grâce à leur prix abordable, on les retrouve un peu partout. Ce qui s'explique, car ils sont porteurs de messages universels. Par ailleurs, ils sont également l'expression d'un goût, d'une curiosité, voire d'une passion personnelle qui n'ont pas été forgés par les écoles d'histoire de l'art ni par des considérations mercantiles de profit. De fait, ils mêlent aussi bien un affect personnel vis-à-vis de l'Égypte que la relation globale née de la mémoire collective. Le côté idéologique reste bien sûr présent, chacun apportant à sa propre vision de l'Égypte ancienne ce qu'il souhaite y trouver.

Tête de demi-poupée, boîte (nº 1444), et pyrogène à tête articulée en biscuit, manufacture Schafer & Vater (Rudolstadt, quartier de Volkstedt, Thuringe), vers 1925. Collection Jean-Marcel Humbert.

Ces objets ont accompagné la vie quotidienne de nos aïeux avec des fonctions précises et diverses. Certains les regroupaient pour créer un microcosme à l'égyptienne. Pour d'autres, ce n'étaient qu'un ou deux éléments épars qui venaient égayer la grisaille ambiante. Mais dans tous les cas, la relation qui s'établit entre le propriétaire des objets égyptisants qu'il a accueillis chez lui et ces objets est loin d'être simple et innocente. Et même si certains de ces objets peuvent nous paraître très kitsch aujourd'hui, ils n'en conservent pas moins un poids symbolique unique. Car il est difficile d'imaginer dans ce domaine des achats compulsifs. Bien au contraire, la relation qui s'est établie entre le propriétaire et les objets qui peuplent à la fois son quotidien et son imaginaire est toujours à double sens, lui donnant à voir et en retour à penser. Cette connivence avec l'Égypte ancienne est certainement l'une des composantes majeures de l'égyptomanie, susceptible d'aider à expliquer la popularité du phénomène.

L'Égypte sert-elle alors à camoufler la vraie personnalité de l'utilisateur de l'objet ? Ou au contraire à pimenter un environnement quotidien ennuyeux, trop pâle et sans relief ? Dans le confort de son intérieur, chacun est libre de profiter d'éléments égyptiens susceptibles d'apporter un certain réconfort et apaisement aux difficultés de la traversée de la vie. La puissance infinie de l'Égypte ancienne continue ainsi de s'exprimer à travers le moindre de ces objets, qui nous parlent autant du passé lointain que des contemporains qui les ont acquis et aimés.

Quelle Égypte la période Art déco nous donne-t-elle à voir chez la petite bourgeoisie et les classes laborieuses ? Le tiercé habituel pyramide-obélisque-sphinx est bien présent, ainsi que des personnages, toute une ribambelle de dieux et les grandes constantes de l'art égyptien, corniches à gorge, disques ailés, colonnes, oiseaux divers et bien sûr hiéroglyphes. Tout cela se mêle avec bonheur aux lignes sobres de l'Art déco, sans pour autant affaiblir la relation à l'Égypte ancienne.

Car, avec l'Art déco, plus qu'auparavant, l'égyptomanie est devenue un jeu où ce qui prime, ce n'est pas la représentation, mais l'évocation, et peut-être plus encore, l'adaptation aux goûts du moment. Ces principes permettent à tout un chacun d'apprivoiser chez soi une Égypte libérée des angoisses et des menaces qu'elle véhicule d'ordinaire. Formes simples, épurées, couleurs vives, compositions efficaces, l'Égypte des petits objets Art déco est le plus souvent charmante et ludique. La fascination exercée par l'Égypte serait-elle devenue aussi folle que les années qui l'accueillent ?

Palette « à la nageuse », bronze, socle en marbre vert de mer, vers 1930. Collection Jean-Marcel Humbert.

Page de gauche
Émile Adolphe Monier, *Reine d'Égypte* en régule, vers 1925. Collection Jean-Marcel Humbert.

NOTES

1. *Radio Times, The Journal of the British Broadcasting Corporation*, 7 décembre 1928, vol. XXI, n° 271, p. 656. **2.** Jean-Marcel Humbert, « L'impact de l'égyptomanie sur les icônes pharaoniques », dans Guillemette Andreu et Frédéric Mougenot (dir.), catalogue de l'exposition *Pharaons superstars*, Marseille (Mucem), à paraître en 2022. Jean-Marcel Humbert, « Néfertiti et Toutankhamon, deux icônes du XXe siècle », dans Arnaud Quertinmont et Valentin Boyer, *Égyptomanie et ex-libris*, catalogue de l'exposition à la Maison de l'imprimerie de Thuin (Belgique), à paraître en 2022. **3.** H. L. Judd Co. Foundry, à Wallingford (Connecticut), n° 9835, vers 1925. **4.** Certainement réalisé par André François à Limoges. **5.** Lefort et Cie, Limoges. **6.** Déjà utilisée par l'égyptomanie autour de 1900 sur le dessus des coffrets de Giuseppe Parvis. **7.** Louis Vincent Aronson, Art Metal Works Co., Newark, NJ. *Cf.* Dale Reeves Nicholls, *Egyptian Revival, Jewelry and Design*, Atglen, 2006, p. 148. **8.** Attribuée à Heuzey ou Marez selon les experts, mais sans aucune preuve. **9.** Jean-Marcel Humbert, Michael Pantazzi et Christiane Ziegler, *Egyptomania*, catalogue de l'exposition (musée du Louvre), Paris, 1994, p. 542-543. **10.** Meriden, Connecticut. **11.** Créateur fabricant (*cf.* note 7), la société Ronson était surtout célèbre pour ses briquets (Ronson Lighters). **12.** Manufacture d'André Fau à Boulogne-sur-Seine, céramique blanche craquelée avec coulées grises. Il semble que le même modèle ait été également commercialisé en version dorée par la société Robj, également de Boulogne. **13.** N° 1292. **14.** Le même modèle était livrable en différents coloris. Manufacture de Nimy (Belgique), vers 1925. **15.** Manufacture fondée en 1890 à Volkstedt Rudolstadt (Thuringe, Allemagne), spécialisée dans les figurines humoristiques, qui édita également une collection d'objets égyptisants en biscuit. L'usine ferma en 1962, et l'on raconte qu'en 1972 le gouvernement est-allemand prit le contrôle des bâtiments abandonnés et fit détruire toutes les archives et moules. **16.** Usine à Reading (Berkshire, Royaume-Uni), 1924. Boîte probablement fabriquée par Boorne & Stevens. **17.** Loose-Wiles Biscuit Company, Kansas City (Missouri). **18.** Robj (Jean Born et successeurs), Boulogne-sur-Seine. **19.** Pour les services égyptiens, voir Louise Irvine, *Royal Doulton series ware*, vol. IV, « Around the World », Londres, R. Dennis, 1988. **20.** Shenango Pottery Co., New Castle (Pennsylvanie). Le service maçonnique a été réalisé vers 1925 pour le Mount Moriah Masonic Temple de St. Louis (Missouri). L'assiette de Shriner est intitulée The Happy Partying Shriner (1926). **21.** *Sons of the Desert*, 1933. **22.** Dans le quartier de Bělá à Podmokly (aujourd'hui intégré à Děčín). La manufacture disparaîtra en 1944-1945.

BIBLIOGRAPHIE

Description de l'Égypte, ou Recueil des observations et des recherches qui ont été faites en Égypte pendant l'expédition de l'armée française, Paris, Imprimerie impériale, 1809-1829.

Owen Jones, *Grammaire de l'ornement*, Londres, 1856.

Louis Ménard (trad.), *Hermès Trismégiste*, 2e éd., Paris, Librairie académique Didier et Cie, 1867.

Émile Prisse d'Avennes, *Atlas de l'art égyptien d'après les monuments*, Paris, 1878.

Charles Chipiez et Georges Perrot, *Histoire de l'art dans l'Antiquité : Égypte, Assyrie, Phénicie, Asie mineure, Perse, Grèce, Étrurie, Rome*, t. IV, Paris, Librairie Hachette et Cie, 1887.

La Caricature, « Le monocle », n° 753, 2 juin 1894.

Pierre Guédy, *L'Égyptienne : roman ramsinite de la XIXe dynastie*, illustré par Charles Atamian, 1903.

Eugène Grasset, *Méthode de composition ornementale*, Librairie des Beaux-Arts, 1905.

Gustave Kahn, *La Femme dans la caricature française*, Paris, 1907.

Jean Villemer, « Les fêtes persanes de la saison dernière », *L'Illustration*, 27 juillet 1912.

Comœdia illustré, 20 février 1913.

La Vie parisienne, 1er mai 1920.

« Madeleine & Madeleine étudient la mode de Karnak et Louxor et embellissent les robes du soir d'un reflet de la splendeur égyptienne », *Vogue*, janvier 1921.

Jean Capart, « L'art égyptien et la loi de la frontalité, à propos d'une statuette du cabinet des Médailles », *Monuments et mémoires de la fondation Eugène Piot*, t. XXVI, 1923.

« La reine Cléopâtre », *Excelsior*, 8 mars 1923.

« La mi-carême à Rennes fut brillante et gaie », *L'Ouest éclair*, 12 mars 1923.

Vogue, avril et septembre 1923.

« Le bal des Rois chez Paul Poiret », *Femina*, 1923.

« Les courtisanes à travers les âges. Chapitre III, En Égypte », *Paris-Plaisirs*, 27 janvier 1923.

« En pleine mode », *Art-goût-beauté*, 15 mai 1924.

« Les heures parisiennes », *Paris-Plaisirs*, n° 24, 25 mai 1924.

« Les cours », rubrique « Les mondanités », *Le Gaulois*, 18 mars 1926.

« L'Égypte antique a inspiré de belles créations », *Vogue*, avril 1926.

« La décoration moderne, le *Mariette Pacha* », *Les Échos des industries d'art*, n° 13, août 1926.

« Une fête au palais Rose », rubrique « Les mondanités », *Le Gaulois*, 2 juillet 1927.

Radio Times, The Journal of the British Broadcasting Corporation, vol. XXI, n° 271, 7 décembre 1928.

Félicien Champsaur, *La Pharaonne. Roman occulte*, illustré par Fabius Lorenzi, Paris, Ferenczi, 1929.

Théophile Gautier, *Le Roman de la momie*, illustrations de George Barbier, gravées sur bois par Eugène Gasperini, Paris, Éditions A. et G. Mornay, 1929.

Le Livre de la vérité de parole. Transcription des textes égyptiens antiques par le Dr J.-C. Mardrus, illustré par F.-L. Schmied, Paris, chez F.-L. Schmied, 1929.

« Les Nouvelles Aventures des Pieds Nickelés », *L'Épatant*, n° 1074, 28 février 1929.

Michel Roux-Spitz, *Discours pour l'inauguration du canal de Suez*, tapuscrit (archives familiales Delamarre), janvier 1930.

A. Lorbert, « Le centenaire de Champollion », *Benjamin : le premier grand hebdomadaire pour la jeunesse*, n° 121, 3 mars 1932.

J. H. Rosny (pseudonyme de Joseph et Séraphin Boex), *Tabubu. Roman égyptien*, illustré par Maurice Lalau, Paris, Jules Meynial, 1932.

André Warnod, « Comment j'ai rencontré Ramsès II au bal des Quat'Z'Arts », *Comœdia*, Paris, 18 juin 1932.

Marguerite Divin (éd.), *Contes et légendes de l'Égypte ancienne*, Paris, Fernand Nathan, 1933.

Hergé, *Les Cigares du pharaon*, Tournai, Casterman, 1934.

« Carnaval galant », *L'Éclaireur du dimanche illustré*, 18 février 1934.

Jeanne Fernandez, « La soirée chez le gouverneur », *Le Jour*, 21 juin 1935.

Vogue, novembre 1936.

Rob-Vel, « Les Aventures de Spirou », *Le Journal de Spirou*, Dupuis éditeur, n° 30, 27 juillet 1939.

Edgar P. Jacobs, *Le Mystère de la grande pyramide*, t. I, « Le Papyrus de Manéthon », Bruxelles, Éd. du Lombard, 1954, et t. II, « La Chambre d'Horus », Bruxelles, Éd. du Lombard, 1955.

Hans Hickmann, *Musicologie pharaonique. Études sur l'évolution de l'art musical dans l'Égypte ancienne*, Kehl, Librairie Heitz, 1956.

Christiane Ziegler, « Music », *Egypt's Golden Age: The Art of Living in the New Kingdom, 1558-1085 B.C.*, Boston, Museum of Fine Arts, 1982.

Hervé Dumont, « Ayesha et Antinéa. Le mythe de la reine immortelle au cinéma », Ayesha, première partie, *L'Écran fantastique*, n° 57, juin 1985.

Jean-Louis de Faucigny-Lucinge, *Fêtes mémorables, bals costumés : 1922-1972*, Paris, Herscher, 1986.

Edward Maeder, « The Three Faces of Cleopatra », *Hollywood and History: Costume Design in Film*, Los Angeles, Thames & Hudson, 1987.

Louise Irvine, *Royal Doulton Series Ware*, vol. IV, « Around the World », Londres, R. Dennis, 1988.

Lison Bertrand, *Le Mythe de l'éternelle jeunesse dans le discours publicitaire au Québec (1920-1950)*, mémoire de maîtrise, université du Québec à Trois-Rivières, 1989.

Pierre Fresnault-Deruelle, *Les Images prises au mot*, Paris, Médiathèque, 1989.

Gérard Galtier, *Maçonnerie égyptienne, Rose-Croix et néo-chevalerie*, La Pierre philosophale, Éditions du Rocher, 1989.

Jean-Marcel Humbert, *L'Égyptomanie dans l'art occidental*, Paris, ACR, 1989.

Dominique Sirop, *Paquin*, Paris, Adam Biro, 1989.

Jean-Marcel Humbert, « Le *Champollion*, fleuron de l'égyptomanie navale », *Cols bleus*, n° 2102, 24 novembre 1990.

Publicité pour le roman de Félicien Champsaur, *La Pharaonne, Roman occulte*, illustré par Fabius Lorenzi, Paris, Ferenczi, 1929.

The Sphinx and the Lotus: The Egyptian Movement in American Decorative Arts 1865-1935, catalogue de l'exposition, Yonkers, The Hudson River Museum, 1990.

Claude-Françoise Brunon, « Égypte et publicité », *Images d'Égypte de la fresque à la bande dessinée*, actes des journées d'étude CEDEJ-IFAO « L'Égypte dans l'iconographie et la bande dessinée » (Le Caire, 1987), Le Caire, 1991.

Bob Brier, catalogue de l'exposition *Egyptomania*, Brookville, Hillwood Art Museum, 1992.

Herman De Meulenaere, *L'Égypte ancienne dans la peinture du XIXe siècle*, Knokke-Zoute, Berko, 1992.

Louis-René Vian, *Arts décoratifs à bord des paquebots français, 1880-1960*, éditions Fonmare, Paris, 1992.

Jean-Marcel Humbert, Michael Pantazzi et Christiane Ziegler, *Egyptomania, l'Égypte dans l'art occidental, 1730-1930*, catalogue de l'exposition (musée du Louvre, musée des Beaux-Arts du Canada, Ottawa, et Kunsthistorisches Museum, Vienne), éditions en français, anglais et allemand, Paris, Ottawa et Vienne, 1994.

Christie Mayer Lefkowith, *L'Art du parfum*, Paris, CELIV, 1994.

Christiane Ziegler, « *Cléopâtre essayant des poisons sur des condamnés à mort* », dans Jean-Marcel Humbert, Michael Pantazzi & Christiane Ziegler (dir.), *Egyptomania. L'Égypte dans l'art occidental, 1730-1930*, Paris, RMN, 1994.

Brancusi contre États-Unis. Un procès historique, 1928, préface de Margit Rowell, Paris, Gallimard, 1995.

Jean-Marcel Humbert (dir.), *L'Égyptomanie à l'épreuve de l'archéologie*, actes du colloque tenu au musée du Louvre, 1994, Paris-Bruxelles, musée du Louvre / Éditions du Gram, 1996.

Judy Rudoe, *Cartier*, Paris, Somogy éditions d'art, 1997.

Karl Toepfer, *Empire of Ecstacy: Nudity and Movement in German Body Culture (1910-1935)*, Oakland, University of California Press, 1997.

Adam Gopnik, « "Pictures Great", His Publisher Told Him, review of N. C. Wyeth by David Michaelis », *New York Times*, 15 novembre 1998.

Jean-Marcel Humbert, « L'Égypte et l'au-delà », dans Catherine Healey, Karen Bowie et Agnès Bos, *Le Père-Lachaise*, Paris, Action artistique Ville de Paris, 1998.

Jean-Marcel Humbert, « Cléopâtre sur les murs, la publicité à l'égyptienne », dans Jean-Marcel Humbert (dir.), *France-Égypte, dialogues de deux cultures*, Paris, AFAA-Paris musées-Gallimard-L'Œil, 1998.

Catalogue de l'exposition *La Publicité à l'égyptienne*, Angoulême, musée du Papier-Le Nil, 1998.

Susan Day, *Jean-Charles Moreux, architecte-décorateur-paysagiste*, Paris, Éditions Norma, 1999.

Renan Pollès, *La Momie de Khéops à Hollywood, généalogie d'un mythe*, Paris, Les Éditions de l'Amateur, 2001.

Jean-Marcel Humbert, « Et Cléopâtre ? », dans Eugène Warmenbol (dir.), *Beautés d'Égypte, « Celles que les ans ne peuvent moissonner »*, catalogue de l'exposition du musée du Malgré-Tout à Treignes (Belgique), 2002.

Collectif, *L'Égypte à bord ou l'art de l'Égypte antique mis à l'honneur par les paquebots des Messageries maritimes*, catalogue d'exposition, French Lines, 2002.

Charlotte Benton, Tim Benton et Ghislaine Wood, *Art Deco, 1910-1939*, Londres, V & A, 2003.

Richard A. Fazzini et Mary E. McKercher, « Egyptomania and American architecture », dans Jean-Marcel Humbert et Clifford Price, *Imhotep Today: Egyptianizing architecture*, Londres, UCL Press, 2003.

Christopher Frayling, « Égyptomanie », dans Charlotte Benton, Tim Benton et Ghislaine Wood, *Art Deco 1910-1939*, Londres, V & A, 2003.

Colin A. Hope, « Ancient Egypt in Melbourne and the State of Victoria, Australia », dans Jean-Marcel Humbert et Clifford Price (éd.), *Imhotep Today: Egyptianizing architecture*, Londres, UCL Press, 2003.

Myriam Tsikounas (dir.), *Les Images publicitaires en faveur des substances psychoactives (1873-1987), étude sémio-historique*, Paris, université de Paris-Panthéon Sorbonne, 2003.

« All are historically accurate. Museums copies », dans Francesca T. Royster, *Becoming Cleopatra. A Shifting Image of an Icône*, New York, Palgrave Macmillan, 2003.

Robert S. Birchard, *Cecil B. DeMille's Hollywood*, Lexington, University Press of Kentucky, 2004.

Anne Décoret-Ahiha, *Les Danses exotiques en France (1880-1940)*, Pantin, Centre national de la danse (coll. Recherches), 2004.

Dominique Legrand, « Tango ou valse de l'amant discret », *Le Soir*, mercredi 24 novembre 2004.

Paul Raspé, *Autour de Magritte. Illustrateurs de partitions musicales en Belgique, 1910-1960*, Anvers, Pandora, 2004.

James Stevens Curl, *Egyptian Revival, Ancient Egypt as the Inspiration for Design Motifs in the West*, Abingdon et New York, Routledge, 2005.

Dima Wenzel, *Kleopatra im Film. Eine Königin Ägyptens als Sinnbild für orientalische Kultur, Filmstudien*, Band 33, Remscheid, Gardez! Verlag, 2005.

Dale Reeves Nicholls, *Egyptian Revival, Jewelry and Design*, Atglen, Schiffer Publishing Ltd, 2006.

William Pesson, « Les temples maçonniques aux États-Unis », *Architectures maçonniques*, Paris-Bruxelles, Éditions AAM, 2006.

Eugène Warmenbol (dir.), *La Caravane du Caire. L'Égypte sur d'autres rives*, Louvain-la-Neuve, Versant Sud / La Renaissance du livre, 2006.

Emmanuel Bréon et Florence Slitine, *Sèvres-Boulogne-Billancourt, la céramique indépendante*, Paris, éd. Argus Valentines, novembre 2007.

Jean-Marcel Humbert, « Egypt and the Dwellings of the Dead in the 19th and 20th Centuries. A representative Grammar of Egyptianising Ornaments », dans Johanna Holaubek, Hana Navrátilová et Wolf B. Oerter, actes du colloque « Egypt and Austria III, The Danube Monarchy and the Orient » (Prague, 2006), Prague, 2007.

Dean L. Merceron, *Lanvin*, Paris, Éditions de La Martinière, 2007.

Les Années folles 1919-1929, catalogue d'exposition, musée Galliera, Paris musées, 2007.

Bernard F. Dick, *Claudette Colbert: She Walked in Beauty*, Jackson, University Press of Mississippi, 2008.

Éric Hennaut, Liliane Liesens, *Henry Lacoste architecte*, Paris-Bruxelles, Éditions AAM, 2008.

Pierre Zignani, *Enseignement d'un temple égyptien*, Lausanne, Presses polytechniques et universitaires romandes, 2008.

Hervé Dumont, *L'Antiquité au cinéma. Vérités, légendes et manipulations*, Paris-Lausanne, Nouveau Monde Éditions, 2009.

Yves Badetz, *Marc du Plantier*, Paris, Éditions Norma, 2010.

Jeffrey L. Cruikshank et Arthur W. Schultz, *The Man Who Sold America, The Amazing (but True!) Story of Albert D. Lasker and the Creation of the Advertising Century*, Harvard Business Review Press, 2010.

Christie Mayer Lefkowith, *L'Art de René Lalique, flacons et boîtes à poudre*, Éditions Stylissimo, 2010.

Juan José Alonso Menéndez, Enrique Alvarez Mastache et Jorge Alonso Menéndez, *El Antiguo Egipto en el Cine*, Madrid, T&B Editores, 2010.

Cathy Whitlock, *Designs on Film, a Century of Hollywood Art Direction*, New York, 2010 ; https://www.pdfdrive.com/designs-on-film-a-century-of-hollywood-art-direction-d194194876.html

Howard Carter, *La Fabuleuse Découverte de la tombe de Toutankhamon*, Paris, Pygmalion, 2011.

Dimitri Casali, Caroline Caron Lanfranc de Panthou, *L'Égypte antique par les peintres*, Paris, Seuil, 2011.

Caroline Epiney, *L'Adaptation de publicités de marques internationales aux cultures locales*, mémoire de maîtrise en communication, Montréal, université du Québec, 2011.

Margaret M. Miles (éd.), *Cleopatra. A Sphinx Revisited*, Berkeley, Los Angeles, University of California Press, 2011.

Bernt Müller, « Das Weib des Pharao, Altägypten in Berlin-Steglitz », *Kemet 3*, juillet 2011.

Frédéric Ollivier, Aymeric Perroy et Franck Senant, *À bord des paquebots*, Paris, Éditions Norma, 2011.

Philippe Pumain, « Le Louxor, une œuvre bien pensée », interview publiée sur le site internet « Les Amis du Louxor », le 16 mai 2011 ; https://www.lesamisdulouxor.fr/2011/05/le-louxor-une-oeuvre-bien-pensee/

Laurent Bavay, « Kih Oskh, Grossgrabenstein et Numérobis. Aventures égyptiennes dans la bande dessinée », *Égyptomanies depuis le XIXe siècle, Édouard et Cléopâtre*, catalogue de l'exposition de la Fondation Boghossian, 2012-2013, Bruxelles, 2012.

Jean-Marcel Humbert, « L'Égypte et l'art lyrique : un exotisme antiquisant », dans *Exotisme et art lyrique*, Alexandre Dratwicki et Agnès Terrier (dir.), Paris, Opéra-Comique, Fondation Bru Zane, 2012. En ligne : http://www.bruzanemediabase.com/fre/Parutions-scientifiques-en-ligne/Articles/Humbert-Jean-Marcel-L-Egypte-et-l-art-lyrique-un-exotisme-antiquisant/(offset)/8

Constanze Müller, *Michail Fokins Ballett Cléopâtre: eine musikalisch-choreografische Rekonstruktion*, Marburg, Tectum Verlag, 2012.

Juan Antonio Ramirez, *Architecture for the Screen: A Critical Study of Set Design in Hollywood's Golden Age*, Jefferson, McFarland & Company, 2012.

Annie Suquet, *L'Éveil des modernités : une histoire culturelle de la danse (1870-1945)*, Pantin, Centre national de la danse (coll. Histoires), 2012.

Christian Van den Broeck, *Who is Peter De Greef ?*, Bruxelles, Belgatone, 2012.

Eugène Warmenbol, *Le Lotus et l'oignon : égyptologie et égyptomanie en Belgique au XIXe siècle*, Bruxelles, Le Livre Timperman, 2012.

Eugène Warmenbol, « La tombe, la momie et l'égyptomanie », dans Diane Hennebert (éd.), *Égyptomanies depuis le XIXe siècle. Édouard et Cléopâtre*, Bruxelles, Fondation Boghossian, 2012.

Mathias Auclair, « Les Champollions de l'Opéra : décors et costumes égyptiens à l'Opéra de Paris de 1789 à 1850 », dans Philippe Mainterot et Hélène Jagot (dir.), *« Du haut de ces pyramides… » : l'expédition d'Égypte et la naissance de l'égyptologie (1798-1850)*, Lyon, Fage, 2013.

Bob Brier, *Egypt-Omania. Our Three Thousand Year Obsession with the Land of the Pharaohs*, New York, St. Martin's Press, 2013.

Laure Dalon et Laurent Salomé, *Cartier, le style et l'histoire*, catalogue d'exposition, Paris, RMN, 2013.

Jean-Marcel Humbert et Philippe Pumain (dir.), *Le Louxor, palais du cinéma*, Paris-Bruxelles, Éditions AAM, 2013.

Konstantinos P. Nikopoulos, *Ancient Greek Women in Film*, New York, Oxford, Oxford University Press, 2013.

Paul Klee, Die Reise nach Ägypten, 1928/29, Dresde, Sandstein Kommunikation Verlag, 2014.

Jean-Jacques Boutaud, « L'image en propre du savon dans la publicité. Un quotidien lavé de tout soupçon », *Le Savon, bains, bulles & beautés. Une histoire de la toilette et du savon du XVIIIe au XXIe siècle*, Paris, Éditions Gourcuff-Gradenigo et Grasse, Musée international de la parfumerie, 2014.

Mathias Auclair, « L'autre observé et l'autre fabriqué : décors et costumes exotiques à l'Opéra au XIXe siècle », dans Nathalie Coutelet et Isabelle Moindrot (dir.), *L'Altérité en spectacle (1789-1918)*, Rennes, Presses universitaires de Rennes, 2015.

Édouard Cholet, *Le Sourire publicitaire*, thèse pour le doctorat en chirurgie dentaire, université de Bordeaux, 2015. En ligne : https://dumas.ccsd.cnrs.fr/dumas-01171328

Marta García Morcillo, Pauline Hanesworth et Óscar Lapeña Marchena (éd.), *Imagining Ancient Cities in Film from Babylon to Cinecitta*, New York, Routledge, 2015.

Catalogue de vente Aguttes, Lyon, 15 octobre 2015.

Jean-Marcel Humbert, « Ancient Egypt on Stage from Bonaparte's Military Campaign up to the Present Time », dans Noreen Doyle (dir.), « Egyptomania and Beyond », dans *Journal of Ancient Egyptian Interconnections*, vol. 8, mars 2016, p. 26-48. Publication également accessible en ligne : https://journals.uair.arizona.edu/index.php/jaei/article/view/18821

Alastair Duncan, *Art déco sculpture*, Paris, Citadelles et Mazenod, 2016.

Jean-Marcel Humbert, « La pharmacie "égyptienne" Léon Gros à Clermont-Ferrand : dissociation et dispersion d'un ensemble unique », *In Situ* (en ligne), 29, 2016, mis en ligne le 12 juillet 2016. En ligne : http://insitu.revues.org/13231. Éditeur : ministère de la Culture et de la Communication, direction générale des Patrimoines.

William Pesson, *Architectures rosicruciennes*, Paris-Bruxelles, Éditions AAM, 2016.

Yvonne Vosmann, « Ägyptenrezeption im Mumienfilm: *The Mummy* 1932 und Remakes », dans *Philippika: Altertumskundliche Abhandlungen*, Band 96, Wiesbaden, Harrassowitz Verlag, 2016.

Matthew Coniam, *Egyptomania Goes to the Movies. From Archaeology to Popular Craze to Hollywood Fantasy*, Jefferson (North Carolina), McFarland & Company, 2017.

Michel Bruffaerts, « Bienvenue chez Toutankhamon ! Une touche belge d'égyptomanie dans les Années folles », dans Simon Connor, Dimitri Laboury, *Toutankhamon : à la découverte du pharaon oublié, Aegyptiaca Leodiensia* 12, Liège, Presses universitaires de Liège, 2019. English Edition, *idem, ibidem*, 2020.

Simon Connor & Dimitri Laboury (éd.), *Toutankhamon. À la découverte du pharaon oublié, Aegyptiaca Leodiensia* 12, Liège, Presses universitaires de Liège, 2019. English Edition, *idem, ibidem*, 2020.

Jean-Marcel Humbert, « King Tut ou la Tut-mania pour tous », dans Simon Connor & Dimitri Laboury (éd.), *Toutankhamon. À la découverte du pharaon oublié, Aegyptiaca Leodiensia* 12, Liège, Presses universitaires de Liège, 2019. English Edition, *idem, ibidem*, 2020.

Paul A. Scolieri, *Ted Shawn: His Life, Writings, and Dances*, New York, Oxford, Oxford University Press, 2019.

Die ägyptisierenden Gemälde des russisch-polnischen Malers Stefan Bakałowicz (1857-1947). Zwischen Ägyptomanie und Ägyptophilie: Inspirationen, Einflüsse sowie künstlerische und ästhetische Ansätze eines Malers des Spätakademismus, MA dissertation, Heidelberg, University of Heidelberg, 2019. Mémoire de recherche non publié.

Valentin Boyer, « Entre rêverie et authenticité, une immersion dans l'Égypte ancienne avec le peintre Stefan Bakałowicz », *Studies in Ancient Art and Civilization*, vol. 24, 2020. En ligne : https://journals.akademicka.pl/saac/article/view/2645

Roger Dachez, *Les Rites maçonniques égyptiens*, Paris, Puf (coll. Que sais-je ?), 2020.

Jean-Marcel Humbert, « Plaidoyer pour l'égyptomanie, ou comment s'approprier une Égypte fantasmée », dans Miguel John Versluys, *Beyond Egyptomania, Objects, Style and Agency*, actes du colloque d'experts qui s'est tenu à Leiden les 21 et 22 janvier 2016 sous la direction de Caroline van Eck et Miguel John Versluys (université de Leyde), Leyde, 2020.

Félix et Amélie Marcilhac, *Jean Dunand*, Paris, Éditions Norma, 2020.

Stephanie Moser, *Painting Antiquity: Ancient Egypt in the Art of Lawrence Alma-Tadema, Edward Poynter and Edwin Long*, New York, Oxford, Oxford University Press, 2020.

Claudie Servian, « "Dare to Dance Your Own Dance": Transgressing Aesthetic Borders in Early Twentieth-Century American Theatrical Dance », dans Paul Otto et Susanne Berthier-Foglar (éd.), *Permeable Borders: History, Theory, Policy, and Practice in the United States*, New York, Oxford, Berghahn Books, 2020.

David Colon, *Les Maîtres de la manipulation : un siècle de persuasion de masse*, Paris, Tallandier, 2021.

Jean-Marcel Humbert, « Le péplum égyptisant, de la peinture au cinéma », dans Sabine Haupt, Cathie Spieser et Michel Viegnes, actes du colloque « Ton rêve est une Égypte. L'imaginaire de l'Égypte pharaonique dans la littérature et les arts », université de Fribourg, 5-7 mars 2020, Würzburg, Königshausen & Neumann, 2021.

Enfin le cinéma !, catalogue de l'exposition, Paris, musées d'Orsay et de l'Orangerie / RMN, 2021.

Alberto Giacometti et l'Égypte antique, catalogue d'exposition, Paris, Institut Giacometti, 2021.

Emmanuel Bréon (dir.), *Alfred Janniot monumental*, publié à l'occasion de l'exposition *Alfred Janniot (1889-1969). De l'atelier au monumental*, au musée des beaux-arts Antoine-Lécuyer de Saint-Quentin, 1er avril-18 septembre 2022, Paris, Éditions Norma, 2022.

Jean-Marcel Humbert, « Icônes pharaoniques et égyptomanie », dans Guillemette Andreu et Frédéric Mougenot (dir.), catalogue de l'exposition *Pharaons superstars*, Marseille, Mucem, 22 juin-31 octobre 2022, Marseille, 2022.

Jean-Marcel Humbert, « Néfertiti et Toutankhamon, deux icônes du XXe siècle », dans Arnaud Quertinmont et Valentin Boyer, *Égypte et ex-libris, entre fantasme, archéologie et imaginaire*, catalogue de l'exposition à la Maison de l'imprimerie de Thuin (Belgique), 7 septembre-10 décembre 2022, Bruxelles, Éditions Safran (collection Témoins d'histoire), 2022.

Wiki Tintin, *L'Encyclopédie Tintin*, « Flor Fina », https://tintin.fandom.com/fr/wiki/Flor_Fina (vu en 2022).

Jean-Marcel Humbert et Eugène Warmenbol (dir.), actes du colloque « Toutankhamon et l'égyptomanie du XXe siècle », Fondation des Treilles, mai 2022, Bruxelles-Paris, Éditions AAM, à paraître en 2023.

INDEX

Les chiffres précédés de N. renvoient aux notes ; les chiffres composés en gras renvoient aux légendes des illustrations.

Publicité pour la police Pharaon de Deberny et Peignot, 1930.

PHARAON

PHARAON

PHARAON

DEBERNY ET PEIGNOT 18 RUE FERRUS PARIS 14[e]

SOURCES-CRÉDITS

Couverture Granger Historical Picture Archive **4-6** Collection Jean-Marcel Humbert **7** DR **8-9** Collection Jean-Marcel Humbert **10** Peter Steiner/Alamy Banque d'Images **11** Catalogue de l'Exposition des arts décoratifs et industriels modernes de Paris, 1925, tome II Architecture, planche LXIII, Office d'éditions d'art, Paris, s.d. (1925)/ Archives Maurice Culot **12** *The Monument of Egypt and Nubia*, American University in Cairo Press, 2003/Archives Maurice Culot **13** Archives Maurice Culot **14** Photo Jean-Marcel Humbert **15** Chloé Mignot/Service de l'Inventaire du patrimoine culturel-Région Bretagne **16** Collection Maurice Culot/Photo Albin Salaün **17** DR **18** Frances Roberts/Alamy Banque d'Images **19** Jonathan Weiss/ Alamy **20h** Architekturmuseum der Technischen Universität Berlin **20b** Fonds Henri Sauvage. SIAF/Cité de l'architecture & du patrimoine/Archives d'architecture contemporaine **21h** Archives d'architecture moderne **21b** Fonds Jean-Charles Moreux/ENSBA/ Cité de l'architecture & du patrimoine/Archives d'architecture contemporaine **22h** San Diego, AMORC **22b** DR **23** Mountain Dream **24h** DR **24b** Collection Jean-Marcel Humbert/Photo Harold Allen **25** Collection Jean-Marcel Humbert **26** Collection Maurice Culot **27h** DR **27b** Angelo Hornak/Alamy Stock Photo **28h** Collection Jean-Marcel Humbert/Photo Roberta Stadler **28b** DR **29h** Washington, Library of Congress, Prints and Photographs Division **29b** Eric Friedebach **30** Bruxelles, Archives d'architecture moderne **31** DR **32** Photo Jean-Marcel Humbert **33** Photo Jean-Marcel Humbert **34h et bg** Roger-Viollet **34bd** DR **35** Bruxelles, Archives d'architecture moderne **36-37** DR **38** Collection Marcel et Denise Guérin **39** Photo Jean-Marcel Humbert **40-43** Photo Archives d'architecture moderne/Photo Luc Boegly **44-45** Photos Jean-Marcel Humbert **46-51** DR **52-54** Collection William Pesson/ DR **55** DR **56** Collection Jean-Marcel Humbert **57** Archives Éditions Norma/DR **58** Collection French Lines & Compagnies **59** Collection Jean-Marcel-Humbert **60** Collection Maurice Culot **61-63** Collection Jean-Marcel Humbert **64** Grégory Lemoine **65** Succession Alberto Giacometti (Fondation Giacometti)/Adagp, Paris [2022] **66** Sotheby's **67** Archives Delamarre **68** Hackenberg-Photo Cologne/Alamy **69g** Alex Dika Seggerman **69d** Centre Pompidou, MNAM-CCI. Dist. RMN-Grand Palais/Photo Philippe Migeat **70** Christie's Images Limited 2008 **71hg** The Trustees of the British Museum **71hm** Musée de Fontenay-le-Comte/Photo Stéphanie Richer-Barbon **71hd** Sotheby's **71b** Collection galerie Malaquais/Photo Laurent Lecat **72hg** Artcurial, Paris, 11 février 2017 **72hd** Artcurial, Paris, 22 mai 2018 **72b** Auction FR, 7 juin 2019 **73** Collection Jean-Marcel Humbert/Photo David Bordes **74** DR **75** Aguttes, vendredi 21 novembre 2014 Lot n° 47 bis **76** Dora Kallmus, dite d'Ora **77** Christie's Images Limited. Christie's New York, 11 décembre 2008, Lot n° 200 **78** Underwood & Underwood; Keystone-Mast Company **79g** Museum of London **79d** Archives privées **80-81** Collection Maurice Culot **82h** Collection Jean-Marcel Humbert **82b** Collection Maurice Culot **83** Collection Jean-Marcel Humbert **84** Victoria & Albert Museum, Londres **85g** Victoria & Albert Museum, Londres **85d-86h** Patrimoine Lanvin/DR **86b** Collection Jean-Marcel Humbert **87** The Philadelphia Museum of Art, Dist. RMN-Grand Palais/Image Philadelphia Museum of Art **88** Collection Jean-Marcel Humbert **89h** Paris Musées/Palais Galliera, musée de la Mode de la Ville de Paris, don de Madame Jacques Cerf **89b** Archives Cartier, Paris ©Cartier **90** DR **91** Karlsruhe, Badisches Landesmuseum publié dans *Egyptomania*, catalogue de l'exposition au musée du Louvre, Paris RMN, 1994 **92g** Archives Cartier, Paris ©Librairie de Firmin Didot et Cie **92d** Archives Cartier, Paris ©Cartier **93** Vincent Wulveryck, Collection Cartier ©Cartier **94** Nils Herrmann, Collection Cartier ©Cartier **95h** Collection privée/Tonyfalcone.com **95m** Albion Art Jewelery Institute/Tsuneharu Doi **95b** Collection privée/ Tonyfalcone.com **96** Christie's Images/Bridgeman Images **97** ©Van Cleef & Arpels SA **98** DR **99** Collection Jean-Marcel Humbert **100** Collection Jean Lefèvre/Photo David Bordes **101** DR **102** PF/Alamy Banque d'Images **103-104hg et b** Collection Jean Lefèvre/Photos David Bordes **104hd** Collection Jean-Marcel Humbert **105** La Tour de Peilz, Suisse, G.S. Arts et Collections SA **106** Collection Jean-Marcel Humbert **107** DR **108** Galerie Anne-Sophie Duval, Paris/Photo Zarko Vijatovic **109** Collection particulière/ Photo Stéphane Briolant **110** Aguttes, 15 octobre 2015 **111** Collection Jean-Marcel Humbert **112-113** Musée d'Orsay. Dist. RMN-Grand Palais/Patrice Schmidt (armoire de toilette)-Hervé Lewandowski (tabouret) **114h** Alamy **114bg** The Metropolitan Museum of Art, New York **114bd** RMN-Grand Palais (musée du Louvre)/Maurice et Pierre Chuzeville **115h** Collection particulière/ Photo Stéphane Briolant **115b** Archives Marc du Plantier **116h** Christie's Images/Bridgeman Images **116b** Virginia Museum of Fine Arts/Photo Travis Fullerton, Richmond **117** Archives Marc du Plantier/Photo Lucien Debretagne **118-119** DR **120** Jean-Jacques Richard **121-122** DR **123** Les Arts Décoratifs **124-125** National-museum, Stockholm/Photo Anna Danielsson **126** Collection Jean-Marcel Humbert/Photos David Bordes **127** De Agostini Picture Library/G. Dagli Orti/Bridgeman Images **128** Photo Camille Bessard **129** Nils Herrmann, Collection Cartier ©Cartier **130** Christie's Images/Bridgeman Images **131** Christie's Limited 2021 **132** Musée russe, Saint-Pétersbourg/Photo Jean-Marcel Humbert **133** Collection musée Kröller-Müller, Otterlo, The Netherlands **134** Christie's Images Limited/Bridgeman Images **135** Collection Jean-Marcel Humbert **136** Museum of Fine Arts. Bartlett Collection, Boston **137** Collection privée/DR **138** Collection Eugène Warmenbol **139-140** Collection Jean-Marcel Humbert **141-142** Collection Eugène Warmenbol **144-145** Binoche et Giquello **146-147** Collection Jean-Marcel Humbert **148-149** DR **150** Pracusa SA/dist. RMN-Grand-Palais/Image LACMA **151** Collection Jean-Marcel Humbert **152** BnF, département des arts du spectacle, 4 ICO PER 8426-60 **153g** Munich, Städtische Galerie im Lenbachhaus und Kunstbau, inv. G 14972 **153d** Artokoloro/ Alamy Stock Photo **154** Washington, Library of Congress, Prints and Photographs Division **155** Underwood & Underwood, *Ted Shawn, Ruth St. Denis: Pioneer & Prophet*, tome II, imprimé pour John Howell par [la librairie] John Henry Nash, San Francisco, 1920, planche 21 **156** Les Arts Décoratifs/Jean Tholance **157** Collection Jean-Marcel Humbert **158** Collection de la Fondation des Treilles/Photo Sabourin (Anet Bert) **159** BnF, département de la musique, bibliothèque-musée de l'Opéra, ESQ O 1922 Cote cliché RC-C-09144 **160** BnF, département de la musique, bibliothèque-musée de l'Opéra, Scènes Photos *Tout Ank Amon* 2 Studio G. L. Manuel frères **161** Collection Jean-Marcel Humbert/Studio Photo Gilbert René **162-164** Collection Jean-Marcel Humbert **165** BnF, département des arts du spectacle, WNA-214 (boîte 213) Cote Cliché NQ-C-094431 **166** Collection Jean-Marcel Humbert **167-168** Allstar Picture Library Ltd/Alamy Banque d'Images **169h** Collection Jean-Marcel Humbert **169b** Imago **170** World History Archive/Alamy Banque d'Images **171** DR **172** Collection Jean-Marcel Humbert **173** DR **174** Collection Jean-Marcel Humbert **175** Cleveland Museum of Art **176h** Collection Jean-Marcel Humbert **176b** Granger Historical Picture Archive **177** Allstar Picture Library/Alamy Banque d'Images **178** Masheter Movie Archive/Alamy Banque d'Images **179** Pictorial Press Ltd/ Alamy Banque d'Images **180-181** Collection Jean-Marcel Humbert **182** Collection Jean-Marcel Humbert/Studio Photo-Cap **183-185** Collection Jean-Marcel Humbert **186-190** Association 4'Z'Arts **191** Association Le Plaisir des dieux **192-213g** Collection Jean-Marcel Humbert **213d** Collection Jean-Marcel Humbert/Photo David Bordes **214-219** Collection Jean-Marcel Humbert **220-223** Collection Hubert Cavaniol **224h, bm et bd** Hergé-Moulinsart 2022 **224bg** DR **225** Collection Hubert Cavaniol **226** Collection Jean-Marcel Humbert **227** Collection privée **228-229** Collection Jean-Marcel Humbert **230** Collection privée **231g** Collection Jean-Marcel Humbert **231d** DR **232-238** Collection Jean-Marcel Humbert/Photos David Bordes **239** Collection Christian Cueni **240-256** Collection Jean-Marcel Humbert/Photos David Bordes **257** Collection Jean-Marcel Humbert/Photo Département de l'Isère/ Denis Vinçon **258-261** Collection Jean-Marcel Humbert/Photos David Bordes **262** Collection Jean-Marcel Humbert **269** Collection Maurice Culot

Si, malgré nos recherches, l'autorisation d'auteurs ou d'ayants droit n'a pu être sollicitée, nous les invitons à se manifester auprès de l'éditeur de l'ouvrage.

REMERCIEMENTS

Nous remercions toutes les personnes qui ont contribué par leur aide et leurs encouragements à la réalisation de cet ouvrage.

Les musées, galeries, maisons de ventes, joailliers, couturiers, centres de documentation et photographes qui ont éclairé nos recherches et apporté leur aide :

Archives d'architecture moderne
BnF, Isabelle Georjon
Cité de l'architecture & du patrimoine, Alexandre Ragois
Cleveland Museum of Art, James Kohler
Institut suédois de Paris, Ewa Kumlin
Musée des Arts décoratifs, Chloé Demey, Ève Briend, Anne-Solène Delfolie
Musée de Fontenay-le-Comte, Stéphanie Richer-Barbon
Musée Kröller-Müller, Roel van As-Krijgsman
Museum of London, Richard Dabb
Palais Galliera, musée de la Mode de la Ville de Paris, Anne de Nesle
RMN, Véronique Mamelli
Service de l'inventaire du patrimoine culturel de la région Bretagne, Estelle Lancou
V&A, Jack Glover Gunn
Ville de Laon, Grégory Lemoine

Galerie Alb Antiquités, Antoine Broccardo
Galerie Anne-Sophie Duval, Julie Blum
Galerie Malaquais, Jean-Baptiste Auffret

Aguttes, Sébastien Fernandes
Binoche et Giquello, Odile Caule
Christie's, Violaine d'Astorg, Alexandra Kindermann, Éléonore Poitiers
Sotheby's

Albion Art, Kazumi Arikawa
Boucheron, Alizée Lauvray, Claire de Truchis-Lauriston
Cartier, Pascale Lepeu, César Imbert
Lanvin, Laure Harivel
Van Cleef & Arpels, Lise Macdonald, Solène Taquet, Marie Pélissier

Bridgeman Images, Pénélope Estrada
Stéphane Briolant
Cinémathèque française, Bertrand Keraël
French Lines, Florent Crayssac
Roger-Viollet, Ophélie Strauss
Un grand merci à David Bordes, qui a saisi les subtilités des œuvres des collections de Jean-Marcel Humbert et de Jean Lefèvre

Didier Avond, Christian Cueni, Marcel et Denise Guérin, ainsi que Les Amis du Louxor.

Nous exprimons aussi notre gratitude à Sara Brandt-Hansen, André Cognat, Jacques Desbarbieux, Jean Lefèvre, Charlotte Mus, Paul-Hervé Parsy, Anne de Thoisy-Dallem
et à tous ceux qui ont souhaité garder l'anonymat.

Enfin l'éditeur adresse ses chaleureux remerciements et sa reconnaissance à Maurice Culot pour son fidèle soutien.

Coordination éditoriale
Matthieu Flory
Maïté Hudry

Recherche iconographique
Elisa Nouaille

Révision
François Grandperrin

Graphisme
Lucie Polard

Photogravure
Graphium, Saint-Ouen

Achevé d'imprimer en octobre 2022
Sur les presses de OGM, Padoue

ISBN : 978-2-3766-6064-4

149 rue de Rennes 75006 Paris France
www.editions-norma.com